SNOOP:
WHAT YOUR STUFF SAYS ABOUT YOU

看人的艺术

11种以物识人方法，看人看到骨子里

[美] 山姆·高斯林（Sam Gosling）◎著
宋媛媛◎译

北京联合出版公司
Beijing United Publishing Co.,Ltd.

图书在版编目（CIP）数据

看人的艺术 / （美）山姆·高斯林著；宋媛媛译.
—北京：北京联合出版公司，2018.4（2021.9重印）
ISBN 978-7-5596-1754-5

Ⅰ.①看… Ⅱ.①山… ②宋… Ⅲ.①心理学－通俗读物 Ⅳ.①B84-49
中国版本图书馆CIP数据核字（2018）第039876号

著作权合同登记号 图字：01-2017-7920

看人的艺术
作　　者：（美）山姆·高斯林
总 发 行：北京时代华语国际传媒股份有限公司
责任编辑：郑晓斌　徐　樟
封面设计：仙　境
版式设计：姜　楠

北京联合出版公司出版
（北京市西城区德外大街83号楼9层 100088）
北京温林源印刷有限公司　新华书店经销
字数180千字　690毫米×980毫米　1/16　15印张
2018年4月第1版　2021年9月第13次印刷
ISBN：978-7-5596-1754-5
定价：45.00元

目 录

前　言 · 神秘盒子的出现 / 001
第一章 · 私人印记会说话 / 001
第二章 · 大五人格理论 / 025
第三章 · 个性的秘密：深挖细节 / 047
第四章 · 物品摆放所反映的人物心理 / 069
第五章 · 肢体动作泄露更深层次的自我 / 081
第六章 · 所有的伪装都有破绽 / 107
第七章 · 忠于常识还是保持怀疑的态度，这是个问题 / 131
第八章 · 在不同的领域掌握人的不同个性特征 / 161
第九章 · 摆脱障眼法，让判断更精确 / 181
第十章 · 从办公室寻找秘密，勾勒人物个性 / 197
第十一章 · 家庭细节里藏着你的气质 / 213
致　谢 / 223

前　言

神秘盒子的出现

联邦快递把我的包裹送到了收发室。这个盒子与其他的盒子并无二致，标准规格，棕色，鞋盒大小的正方体。使它与其他盒子不同的是盒体上随附的不寻常的说明——“未经许可，不准打开”。为防止我有疑虑，“不准打开”四个字用黑墨水显眼地写在盒盖之上。按照我语音信箱里的留言提示，我需要在预定的时间将我打开包裹的过程录制下来。所以，第二天下午三点，我将包裹拿到了一个配备有摄像机的小房间。进入该房间后，我便将摄像机对准我站立的地方，并且将包裹打开。我走进摄像机的镜头范围，从口袋中掏出一张小纸条。纸条上写着一串电话号码。我将电话号码输进我的手机。

“我是高斯林博士，请让加里接电话。”

“这就帮您转接。”

转接之后，声音暂时没有了。

“我是加里。”

“我是萨姆，我已准备就绪。”

“开始吧，把盒子打开。”

我终于能自由地释放自己的潘多拉欲望，我撕开了盒子。“打开盒子之后，你将看到属于一个人的一些物品，”加里说，“这些物品均来自那个人的浴室。”（我注意到，加里说这些话的时候很小心，并没有透露那个人的性别。）

“把这些物品一件一件拿出来，”他继续说道，“然后告诉我，这些物品透露出所有者的什么信息。”

我一边移动着这些物品，一边一件一件地在手里翻看。一小管护肤霜，一张有关舞蹈音乐的光盘，上面有轻微划痕，一把棕色塑料梳子和一张拍摄物主盥洗池的宝丽来一次成像照片。检查每一件物品以寻找线索时，我会对着摄像机陈述我的推理。“是这样，梳子相当大，物主可能是男性。”宝丽来一次成像照片证明了我的推理：盥洗池周围没有任何带有芳香的物品，上面还有层层污垢；杂乱无序，更可能让人联想到是男性而不是女性。我注意到，梳子上的头发是短的，直的，并且是黑色的；物主可能是亚洲人或者西班牙人。从照片上看，浴室盥洗台的门没有关好，吹风机的线也没有收好；那管护肤霜是从中间开始挤的，而没有从底端，一些变硬的残留物还粘在盖子上；光盘是家庭音乐的合辑，是典型的同性恋俱乐部相关题材；再加上物主很注意自己的外表（我现在非常确定物主就是男性），一个连贯的画面开始呈现出来。

几分钟之后，加里问道：“那么，通过物主的这些物件，你能得出什么结论呢？” 基于我对这些物件的检查，我认为物主是一名亚洲人，二十多岁，不到三十，并且他极有可能是名同性恋。我低估了他的年龄，他三十出头，但其他的推断都是正确的。加里似乎很高兴。

究竟发生了什么事情？在如此奇怪的情境下，我在跟一个看不到表情只能听到声音的人说话，我这是在做什么？茫茫人海中，为什么是我？我能够提供给他有用的信息吗？

电话那头的神秘人物是一个电视制片人，正在策划新的真人秀系列节目，该节目将讨论我们熟悉且几乎无法抵抗的人类好奇心。如果你和我一样，当你第一次进入某人的居住环境时，你会不满足于被动地观察周围。对我而言，不四处看看，不去收集、筛选并处理物主的信息，这太难了。主人去卫生间时，我会友善地征得她的允许？当然不会！因为她不在。开始吧，迅速冲向书柜，检查书籍。这本是马达加斯加的旅游指南，这本是微型礼品版弗吉尼亚·伍尔夫（Virginia Woolf）[1]的《一间自己的房间》（*A Room of One's Own*），非常有趣。再来看看照片，只有一张是个人照，其余都是主人和一大群朋友一起拍的，每一张都能看出那种醉醺醺的欢乐。没有多余时间逗留了，我刚听到了厕所冲马桶的声音，还有光盘、垃圾筐和窗台上堆起来的垃圾没来得及观察。有机会我还要观察一下她的药橱，我的意思是，征得使用她的卫生间的允许后（药橱是相当重要的观察点，我时常觉得，要是药橱里边有本让观察者吃惊的“访者之书”的话，定会非常有趣）。

这个电视制片人将这种普遍的观察冲动深入为逻辑终结点：一个素未谋面者的物理空间能够透露给你什么？该节目的愿景，不像MTV的受欢迎节目《房间入侵者》（*Room Raiders*）那样，它会安排一个专家的角色，分享他对观察过程的见解。

制片人为什么会和我交谈？因为我是得克萨斯大学的心理学教授，专门研究个性差异以及在日常生活中我们如何形成对他人的印象。我研究关注的问题正是驱动该电视节目的问题：人的物品，比面谈或者有时比来自朋友的评价更能彰显一个人的个性，这究竟为何？的确，从科学层面讲，我第一次研究的课题就与制片人的节目构想一致，那时候我还在加州大学伯克利分校读研究生。

---

① 弗吉尼亚·伍尔夫，英国文学家、文学批评家和文学理论家。

该研究检验的是，对于未谋面的人，仅凭观察卧室，我们能了解到什么。

这项研究被称为“卧室研究”（bedroom study），取得了惊人的结果（稍后详谈），也令我吃惊。

该研究及其背后的观点也引起了学术圈外的极大兴趣。尽管其他心理学家已经就视频短片或者简短接触等少许信息研究过个性印象，但是还没有人通过房间研究过，也没有人获取过如此大范围的信息。媒体争相报道，把他们的标题定为《物件背后》《敌方阵线背后》《线索房间》等。一个记者授予我“总观察者”的称号。

我继续在研究生院进行研究，并在1999年到得克萨斯大学供职后对其进行了深入发展。我和我的研究生进行过许多日常生活中的个性研究：我们窥视床下、衣橱；我们迅速查看音乐收藏；我们审查脸书资料。我们去过大量宿舍（准确地说是83间）、近100间银行办公室、房地产公司、商学院、广告公司及建筑工作室。我们检验人们是如何通过网页、书籍、日常用语和住所等环境揭示他们的个性。

这些年来，我们一直做这种研究，我和我的团队逐渐成为超级观察者；我们锻炼了火眼金睛，去发现揭示一个人真正个性的蛛丝马迹。有弗吉尼亚·伍尔夫的作品就意味着我的朋友是坚定的女权主义者吗？或许这本书只是英国文学课上她被安排研究的一个课题。醉醺醺的欢乐照片就意味着她借酒消愁吗？也许她只是一个交际花。经过十几年的研究，我们收集到了大量信息，多数是意料之外的，它们在揭示人们如何描绘或者出卖自己的个性方面，都非常有价值。

所以，这些电视人可能找对人了。对于这个话题，我可能会提供有价值的见解。

包裹到达两周之后，我去了洛杉矶。第二天我们将去拍摄试播片段。我站在中国剧院的好莱坞大道上，观察名人留下的足迹，我在想，我能怎样为节目贡献一己之力。我希望我能够解释人们在自己的起居空间留下行为足迹的不同方式。我希望带领参与者避开诸如仅凭一条线索就得出结论或者受吸引注意力的事物误导等常见的判断失误。我希望这样做的时候，不会把科学复杂性降为纸上谈兵的占星术或者晚宴释梦。

就在我脑海中思考这些问题的时候，我开始意识到没有任何单一的因素能够概括所有不同类型的观察研究。所以，结束洛杉矶冒险之旅后，我回到得克萨斯大学一边继续研究，一边开始构思本书。

我研究的课题，即观察术（Snoop），与我们试图使我们生活的世界有意义所面临的问题并无太大差异。就是说，我们是从物件中发现意义。当然，我们是在下意识且放松的状态下做的，所以我们通常察觉不到。当你第一次见到某个人的时候，你意识不到你正在通过整合信息形成对对方的印象：从他的发型、他客厅墙上的地图、他说的第一句话或者是他握手的力度等。我们描绘这些的时候是一种轻松的状态，但是背后却是对刚才系统观察的复杂的脑力梳理过程。

有时这些过程也会剑走偏锋。例如，我们的宿舍观察者非常擅长判断学生的政治价值观，一看他们的居住空间便知。但他们并非完美。他们能正确使用明显的线索——政治偶像的保险杠贴纸[①]、海报，如马尔科姆·艾克斯[②]、切·格

---

① 保险杠贴纸：美国人通常喜欢在汽车的尾箱或者保险杠上面贴几张花花绿绿的小纸片，或表明立场或耍耍小幽默，这种小贴纸叫保险杠贴纸。

② 马尔科姆·艾克斯，美国北部黑人领袖，与南部的马丁·路德·金并称为20世纪中期美国历史上最著名的两位黑人领导人。

瓦拉[①]或罗纳德·里根[②]等。但是也有一些他们不该使用线索却用了，以及该用的线索没使用的情况。在我们的研究中，裁判们通过艺术品及艺术相关书籍推断物主是“左倾”。你可能也会这么想，但是这些东西和政治倾向没有一点关系。然而真正能够提供保守党政治倾向的线索如运动、相关装饰，却被我们的裁判忽略了。这就告诉我们，常识一般而言是对的，但是它也能引我们误入歧途。不依靠研究，我们可能永远不知道我们依赖的常识是有用的还是有误导性的。此外，我们的常识可能错误地引导我们认为研究的结果仅仅是为了证实已知。前不久的一个演讲使我被这种《20/20》[③]的事后聪明式偏见震惊。开讲前，我通常会让观众猜测卧室研究能得出什么，但实践起来却很有难度。这时我犯了一个错误，没有让观众先猜结果就揭示了答案。没有往常的惊讶反应，出席者对于结果一点都不惊讶。我再一次明白，有些东西是得出事实之后才觉得言之有理，但这并不意味着整个过程都是如此显而易见的。在接下来的章节里我将展示观察是如何以全新的方式阐释这些“明显”结论的。

我的装饰解密研究以及个性本质研究的科学家的工作目标是基于人们留下的线索描绘他们，就像夏洛克·福尔摩斯和美国联邦调查局（FBI）特工通过有策略地整合看似不相干的信息来创造某个人的完整画像一样。除了像我通过神秘包裹观察如性别、年龄和种族这些基本点，我将展示我们如何通过密切观察他们的房间和办公室来捕捉一个人的特征、个性、价值观、习惯、希望和梦想。

我写此书的目的之一，就是和你分享我了解的“观察学”知识，并告诉你

① 切·格瓦拉，古巴革命的核心人物。

② 罗纳德·里根，第40任美国总统，两度荣登《时代周刊》年度风云人物。

③ 《20/20》是一档美国电视新闻杂志节目，自1978年6月6日起在美国广播公司（ABC）播出。其创办者为ABC新闻执行主管鲁伊·阿利奇。节目名称源于测试视力的“20/20”。

如何成为观察专家。这样下次你去某人的办公室拜访他的时候，或者面试一个求职者的时候，又或者观察约会对象的住所时，你便知道问自己这样一些问题：电脑显示器上的漂亮图片反映出主人的什么个性？为什么他们总是面向拜访者的座位？贴在镜子上的鼓励话语对照镜子者而言有怎样的故事？你将学习利用这些物件——不管是办公室的琐碎物品还是卧室的信件——来判断某个人是外向的还是内向的，友好的还是多疑的，自觉的还是意志薄弱的。

你将学会注意到虚假信息，学习如何观察意图愚弄你的宣传。人们尽力掩饰自己的身份个性，但是在一个房间内，线索逐渐累积形成，很难弄虚作假。大多数人甚至不会去想桌子底下堆放的鞋子、角落里枯萎的植物、灯上悬挂着的橡胶小鸡都释放出怎样的信号。人能控制别人对自己的印象吗？如果能，需要多久一次？你能用什么样的信号来决定某人是否企图蒙蔽你的双眼？这些问题的答案可能会让你吃惊。

你可能也会像我一样惊奇地发现，线索和实际意义之间没有确切的关联。正如我们都知道，杂乱的桌子并不意味着思维也是凌乱无序的（你需要更多的线索来得出结论），壁炉上方的十字架也不能说明你的同伴是信徒。

观察者能从各种事物中提取线索，电子邮件用户名，运动器械，光盘集和汽车，但不是所有的领域都是相同的。如果你想了解约会对象的可信赖度，他的音乐集可能没什么作用，但这可能会是了解他的兴趣爱好和价值观的好地方。但如果你想要了解他的政治倾向，你进入他的公寓不到两分钟便能知晓，可是这有必要吗？

知道从哪里下手，如何寻找他人的个性线索对掌握观察术至关重要。其他人又是如何利用你留下的线索呢？你的工作空间会让你的老板明白你应该晋升，还是会成为永远禁锢你的立体地狱？你的汽车收音机预设是否流露出你音乐之外的其他品位？为什么你的约会对象看了一眼你的公寓之后迅速找借口离开？成为一个成功的观察者的同时也意味着学会成为一个聪明的被偷窥者。

当然，观察学涵盖的远不只简单地察觉墙上的东西或者床底下的东西，还需要我们将过去几十年心理学家的发现与现代尖端的人类行为研究相结合。本书中，我将带你开始研究之旅，我们将探索从观察学中显现的激动人心的新观点。

同时，我将说明观察学是如何揭示你的哪种品位习惯为显示你的个性提供了有用信息。我将探索更好地了解一个人有何意义，以及将陌生人变成朋友需要付出什么。我们将了解令人好奇的收藏癖好，令人困惑的个人网站。最后，我将分享我从一个新商业企业（这个企业建造根据人们的个性而量身定制的家）中学到的心得。但首先我们要回到基本点：我们必须学会如何观察。

第　一　章

私人印记会说话

1960年9月的一个早上，阳光明媚，约翰·斯坦贝克（John Steinbeck）[①]和他的法国卷毛狗查理开启了美国观光之旅。再后来，他和他的爱犬乘坐专门为他们的行程改造的卡车环游美国。同时他们也是在寻访真正的美国。《横越美国》（*Travels with Charley*）就记录了他们的此次旅行。

在他们的旅行途中，斯坦贝克计划短暂休息，顺便和他的妻子小聚一下。他妻子打算跟他在芝加哥会面。斯坦贝克提前到了，却发现特别预订的客房还没有腾出来。但是酒店乐意满足他的请求，提供给他一个地方休息并洗个澡。因为一个客人提前退房，所以酒店允许这位著名作家到这个刚刚腾出来还未经打扫的客房洗漱小憩。斯坦贝克脱衣服时，他被前一个房客留下的痕迹分神了，他把这个人叫作“寂寞哈利”：

> 动物休息过或者经过之处会留下被压过的草地、脚印，或许还有粪便，而人住过一夜的房间就会印下人的个性、传记、他最近的经历，有时还会有他的未来计划和希冀。我深信，人的个性会渗进墙里，然后缓缓释放。我坐在这个没有整理过的房间的时候，“寂寞哈利”的形象开始变得立体。我能感觉到，刚离开的房客留下了点滴他的印记。

斯坦贝克的观察引出他的一种直觉：人们生活的环境携带着大量的信息，他们的个性、价值观及生活方式。从洗衣店的收据、垃圾筐中未完成的书信、空空如也的波本威士忌酒瓶和其他各种线索当中，斯坦贝克拼凑起“寂寞哈利”的肖像。

---

① 约翰·斯坦贝克，20世纪美国作家。代表作品有《人鼠之间》《愤怒的葡萄》《月亮下去了》《伊甸之东》《烦恼的冬天》等。

空间入侵者

我们每个人每天都会面临类似的挑战。你将能找到的点滴证据拼凑起来，形成了构成你社交圈的连贯的个性肖像。你从你的老朋友那里获得信息，你从社交圈中的细微行为中做出明确判断，这就是所谓的“零熟人背景”（zero-acquaintance contexts）。如果你是一个观察者，你会利用从未谋面的人留下的线索。你会综合新的信息，摒弃当前的信念，用有效的假设去填补两者之间的缝隙。但是，个性通过怎样的机制和物理世界进行互动呢？它自身具体如何发送信号呢？

正是这些问题驱使我进行研究，1997 年，我组建了首个环境评估团队，帮助我发展观察学。我们的目标之一就是探索人对其私人空间的影响方式。他们留下了什么个性证据？什么个性因素更有可能留下痕迹？我还要检验我的评估者们基于这些空间做出的判断。我不是试图改善判断过程，而是检验寻常且日常的评估。这种评估你我可能会感兴趣，美国联邦调查局不会感兴趣。

在与我的研究生导师进行了大量讨论之后，我拟定了一个计划。我会招募一批志愿者，要求他们在指定的时间内整理房间。他们离开时，我会派一组评判者进入房间，他们会根据房间里仅有的证据形成对刚刚离开者的印象。随后，我会派一组编码人员，来评估房间的物理特点。我们也会对房间居住者进行个性测试并通过他们的朋友收集他们的信息。

作为一个没什么钱的研究生，我能给这些志愿者的奖励就是其他人基于他们的房间给出的反馈。令我吃惊的是，近 100 个人报名了。然后，随着消息传出，其他人纷纷踊跃报名参加。

我一踏进第一个房间，便知道我们能获取一些信息。各个房间的区别比我预期的要大得多，不仅仅体现在物品的数量上，也体现在物品本身的特性上。一些房间只有一张床在角落里。其他房间则塞满了物品，还有装饰，致使我们的评估者必须小心谨慎，以防弄掉本来需要检验的证据。即便是在塞满物品的房间，物品也大相径庭，书架、椅子、床、地板和窗台争相抢占领地。

有这样一个房间，里边陈列着大量《星球大战》（*Star Wars*）的周边模型和玩具，与墙和天花板上装饰的海报相呼应。

在更多的房间里，我们看到的则是小熊维尼和它的朋友们。一些房间布置得很随意；其他的则表明居住者志在达到一种有序的状态。一些房间昏暗陈腐，另一些房间则明亮温暖。一些让人感到舒适，另一些则令人心生寒意。

检查房间时，我们开始注意到居住者的心理印记，瞥见个性的不同表达方式。三种广泛机制，身份标签（identity claims）、情感调节器（feeling regulators）和行为痕迹（behavioral residue），似乎将人与生活的环境衔接起来。这些机制在辛迪、邓肯和吉迪恩的房间表现得更明显。

身份标签：辛迪的信号

我们在个人空间里花费很多时间，但是并没有什么功能方面的原因表明我们为什么要去装饰个人空间。草莓主题的被子并不能确保我们做美梦，电脑显示器上的玩具南美小鱼并不能帮广告文案人员写出精美的文案。尽管如此，我们还是会继续装饰我们的个人空间，而且这种装饰远非随意。我们对个人空间的装饰，虽然从表面上看没有什么功用，但可能会产生很大的影响。的确，《盖洛普管理期刊》（*Gallup Management Journal*）的一份关于员工舒适度和投入度的调查表明：在舒适环境中工作的员工可能更投入，也会对公司的盈利做出更加积极的贡献。该调查谨慎地指出，“舒适”已超出了物质条件，人为营造的心理环境同样至关重要。这与我们的观察结论相当一致。我们的观察对象在装饰和改变空间方面所做的各种持续不断的努力表明：他们需要借这些改变来影响他们的心理环境。

我们将空间变成己有的一种方式便是贴上我们的身份标签：海报、荣誉证书、照片、小饰品和其他纪念品。这些都是有意地宣示身份的象征。辛迪的房间就全是这样的象征。我和团队成员在进门之前就已经意识到了这些象征。门上的女性联谊会贴纸宣示着她对团队的忠诚。“做你自己的女神”这样的保险杠贴纸向公众宣誓着对扭曲的女权主义的自我肯定。跨过门，我们有了更多的发现。白板上是一句尼采的话：“权力意志缺失，衰退将至”（Where the will to power is lacking, there is decline）；沿白板底部是用大写字母写的“正向思考！”啦啦队的花球则悬挂在墙上。

身份标签要么针对他人，要么针对自己，两种情况都有各自的心理功能。人们使用针对他人的标签，如辛迪的啦啦队花球和女神保险杠贴纸，传达出她们想如何被看待。因为一个人的观众明白其想传达的意思至关重要，所以针对他人的标签依赖于有普遍含义的物品。保险杠贴纸传达出辛迪的性别自豪感，啦啦队花球肯定了她对大学的忠诚。

在工作场所，针对他人的标签都贴在办公室的房门（或者隔断墙上）。我建议你下次去别人的工作单位拜访的时候，去走廊转转，搜寻一下人们想表达的信息。如果你闲逛的时候走到我的门口，你将看到绝望公司生产的大幅海报，该公司对那些促进团队合作、增进信任和整体价值的海报进行恶搞。我的海报是壮观夕阳下的比萨斜塔，一张极好的照片，下面写着：平凡的成就，其实耗时很少，当人们意识到其中的区别时，为时已晚。第一次挂上照片的时候我并没有特别在意海报的象征意义。但是现在我明白了，我想努力传达一种形象，这个形象不仅有讽刺的幽默感，还有对于易得快乐的极度不信任。

办公室外的海报（当然是指与悬挂在室内供所有者看的海报相对的海报）极为有趣，因为所有者很少看到。因此这些海报属于针对他人的标签。我们后边将看到，这些宣示主要是想传达物主的真实信息。但是这些信息的传达还是有策略性的，甚至还有欺骗性。用偶像如李小龙、图派克（Tupac）[①] 和当红电影如《落水狗》等的海报来装饰房间的学生显然是想让来访者觉得他很酷。但是究竟他有多酷，我们还需要进一步了解。

针对其他人的身份标签可能会发生变化，这取决于你想要影响到谁。你为了赢得老板的好感而做的事情跟你想博得异性的欢心要做的事情也不尽相同。然而，正如自由电视制片人柯林・科鲁兹（Colleen Kluttz）发现的那样，我们越来越难将我们的观众区分开来。《纽约时报》曾刊登过一则故事，一个朋友将科鲁兹的照片上传为自己网络空间的头像，照片上，科鲁兹半闭着眼睛，照片说明里写她是一个瘾君子。尽管照片和说明只是两个朋友之间开的玩笑，但这却不能阻止她未来的老板检索她。许多工作都在最后时刻与她失之交臂，科鲁兹怀疑她的职业生涯和私人生活发生了冲突，于是她换掉了照片。

当我们拥有越来越多的网上关系的时候，我们越来越难保持我们多重身份的独特性。只将我们认可的身份传达给目标观众也非易事。人们很容易在网上找到我高中时候书呆子一样、一点都不酷的照片，对此，我一点也不感到抓狂，其实我骨子里还是希望那些人把我看成一个世故的超酷的国际性神秘人物。

除了向别人说明我们希望如何被看待，我们还可以出于自己的利益做象征

---

① 图派克，美国说唱歌手、演员。

性说明。这些针对自己的身份标签强化了我们如何看待自己这个问题。在辛迪的房间，她桌子上的物品有雕刻木槌和纽扣，传达出她对当地市长候选人的支持。物品的摆放位置，就在辛迪能看见的地方，表明只对她有意义：或许是提醒她在辩论队中的成绩，以及她作为志愿者参与到之前的当地选举中的经历。两个象征引起了关于辛迪身份核心特点的假设，这些假设还有待证据进一步支持或者否定。

批量生产的海报是文化象征的好源泉。我之前的同事在她办公室的墙上贴了一张马丁·路德·金（Martin Luther King）[①] 的小海报。就像辛迪的木槌和纽扣一样，同事桌墙上的马丁·路德·金海报显得细微而重要。人们很容易忽略这张海报，因为从参观者的角度而言，电脑显示器挡住了一部分；但是如果你坐到她的桌子前，你会发现，我同事甚至不需要扭头就能看到她的偶像——将视线从电脑屏幕上正阅读的文件上移开，稍稍向右一瞥即可。她的这种布置使我明白，她用这个有着进步思想和价值观的人物激励自己，强化对自己的认知。海报贴在这儿更多的是给自己看，而不是给来访者看。

与许多文化符号一样，马丁·路德·金显然很清晰明了，但是针对自己的身份标签也可以是手工艺品，它们的意义对他人而言会晦涩难懂。只要这些物品有私人意义，它们就有意义。去摩洛哥度假的时候在海边收集的鹅卵石能将某人与他的摩洛哥之行留下的记忆联系起来；高中科技博览会上奖励的一支钢笔可能表明获奖者现有的化学家身份。私人物品能给观察者传递大量信息，即便确切意义并不清晰。与其他物品相结合，鹅卵石或者钢笔就能传达出收藏者对其人生的某个时期的喜爱。

① 马丁·路德·金，非裔美国人，美国民权主义者、民权运动领袖。

一个简单的衡量身份的试验方法—— 一个陈述测试，此测试包括 20 个句子，每句都以“我是……”开始，后边是空格。参与者要在 12 分钟内尽可能地填满空格（想一下你可能想出来的事物）。一般情况下，人们能在给定时间内回答 17 个问题。20 个答案很宽泛，包含一个女孩、一名运动员、金发、已婚、来自芝加哥等等。一些人简单地说自己有宗教信仰或是一个学生；其他人把自己描述得更具体，如基督徒、佛教徒或者一个可怜的基督徒、医学预科生、正在学习工程或者一个好学生。即便是这样，小组的回答也让我们感到此种方法可以显示他们的潜在身份范围。

展示出来的照片是这种“我是……”测试的图像类似物。因为图片捕捉到了他想要记录的瞬间：“我是一个随心所欲的环球旅行者”（照片中一个脏乱的年轻人站在一列正穿越拉贾斯坦邦的火车上）；“我是一个可爱的女儿”（一个少女旅途归来，正拥抱自己的父母）；“我是一个好学生”（一个男孩在毕业典礼上拿着奖品）。

实际上，二十问陈述测验已经被应用到图像处理上。这一次不再做填空测试了，人们拿到相机和一卷有 12 张底片的胶卷（该测试进行的时候还没有数码相机）并收到了如下指示：“我们希望你向自己描述对自己的认知。我们希望你给自己或者他人拍 12 张照片，通过照片表现你自己。可以是任何照片，只要能展现你自己就行。”该测试折射出，当他们选择展示家庭中、办公室里、车里和钱包里的照片时，他们都在私下里做什么。

在西方，文身通常被看作是针对他人的身份标签。文身不仅能宣示特别的价值观、态度或者忠诚，永久文身还传达出文身者对该价值观的持续追随——你肯定不会把一个易变的信仰文到身上；印在 T 恤衫上或者保险杠贴纸上的“佩罗总统”（Perot for President）标志比用墨水写在额头上更能达意。但并不是所有的文身都是为了给别人看。去加利福尼亚读研究生之前，我的朋友阿曼达在她的手臂上文上了得克萨斯州的轮廓。这并不奇怪，她爱自己的故土；但是文身的位置表明这是一个针对自己的身份标签：文身在前臂内侧——从我的角度来看，它是颠倒的。这看起来会有些奇怪，直到我们意识到阿曼达将文身文在那里就是提醒自己记得家乡，而不是告诉别人自己来自哪里。文身的位置意味着她可以往下看，想到自己的家乡；如果文身在肱二头肌或者肩胛骨上就不会有这个作用了。这个例子强调，我们考虑身份标签的时候，注意其位置是非常重要的。位置决定了线索所起的心理作用。

身份标签可以在 T 恤衫上、纽扣上、项链上、鼻环上、文身上、电子邮件签名里、海报上、旗帜上、保险杠贴纸上，及其他大到能容下某个身份符号的任何地方。史蒂文·利维（Steven Levy）在他讲述 iPod 的《完美之物》（*The Perfect Thing*）一书中描述了“战争”：在战争中，有 iPod 的人将他们的数码音乐播放器插到另一些人的脸上，以此来彰显他们的时尚。在 20 世纪 80 年代，“复古收音机”和“便携式收录机”流行的时候，很容易（实际上不可避免）将你的品位暴露给他人。但是当耳机将这种方式挤出街头，直接进入我们的头颅之中的时候，我们便失去了这种表达方式。尽管并不像放着 The Fat Boys[①] 的最新歌曲穿过地下车道的汽车那样扰民，iPod 的屏幕，至少部分保护了你免于让别人知道是什么正在震撼着你的世界。

现在我们可以在无线局域网内通过音乐播放器向他人传达我们的音乐品位。它被称作“共享”的设计，允许拥有兼容播放器的人共享你的音乐，它也能用来查看他人的音乐收藏和音乐播放清单。在第七章中我们将谈到，只需瞥

---

① The Fat Boys，早期最成功的 HIP HOP 团体之一，三位重量级的成员体重加起来超过 750 磅，这也是他们名字的由来。

一下一个人的音乐集，你就能迅速了解其个性、政治观点、艺术爱好甚至是对酒的偏好。

实践中，很难区分一个身份标签是针对自己的还是针对他人的。贴马丁·路德·金的海报可能会同时强化你对自我的认识并让别人了解你的价值观。但是将这两种标签区别对待很有必要，因为它们反映的是不同的动机。例如，这种区分可以帮助我们了解公共空间和私人空间的差别。在一个人的家中，是什么把玄关、餐厅、客厅和次卫等他人肯定能看得见的地方，与卧室、书房和主卫等需要高度安全感的地方区分开来呢？可能有宗教标志的图像，例如十字架或犹太教灯台，是放在公共空间的，而一些家庭物品则放在私人空间。又或者，如果主人不太在意家庭隐私，反而把精神层面的身份看成是私密的，那么他可能就会将宗教图像藏起来，把家庭照片拿出来给大家看。

对观察者而言，发现这些不同很有价值。因为它们暗示着对自我的潜在分解。几年前，我的一个科学家朋友吉纳维芙来城里参加一个干细胞研究会议，我和她在酒吧相遇，当时她正同一个参会的神经生物学家聊天。这不是我的研究领域，会议上也没有我认识的人，所以在选择聊天话题的时候我显得有点傲慢，不像我在自己的专业圈子里谈话时那样有礼貌。一时兴起，我把聊天的内容转到道德和宗教上去了。但是我很快就意识到吉纳维芙的同伴变得异常安静。从一些无意间的谈话中我们得知，他和绝大多数的生物学家相反，有着虔诚的宗教信仰，却对此一直保持缄默。鉴于我的嗜好，我开始情不自禁地想象这种不自在的分裂感是如何在他的一亩三分地里表现的。我可以确定，他的研究室和实验室并没有明文禁止拥有宗教信仰，但是他的秘密被发现之后他很震撼。我怀疑，他家的公共区域中几乎没有精神象征；我们可能只会在他感到真正安全的地方发现这些象征，如在他的卧室或者书房里。

所以作为一个观察者，你需要注意人们给自己和他人的信号之间的差异，但是也要准备好留意差异不存在的情况。伪装的外表可能符合主人的自我认知，因为这可能不会反映出内在自我和外在自我之间的博弈。有时候，刚开始就表现为公共空间的场合也会涵盖私人空间。许多办公室就是如此。剧场将管弦乐队的位置设在舞台前方，从心理上就把舞台与后台分开来。你可以在一个空间内用这种公共空间和私人空间之间的区别来观察身份标签。在一间办公室里，工作人员和来访者被一张桌子隔开，查看一下桌子上物品的朝向。这个人的配偶和孩子的照片是面向他吗（“我因自己是这样美好的家庭的一员而自豪”）？或者照片是朝外的，主要是想让他人看（“看看我漂亮的另一半和我的孩子”）？

另一个能看到差异的地方就是前院和后院，后院多数是供娱乐和休息的地方，前院是多数人向外界发表“声明”的地方。如果你想挂一面旗子，将旗子挂在前院才会有意义，而不是挂在后院。前院的空间可以被任何一个经过的人看到，也会提供房主的个性线索。

在一项很有意思的研究中，来自犹他大学的卡罗尔·维尔纳和她的同事研究了我们如何通过观察人们房前的装饰来了解他们的社交。首先，她在盐湖城收集了许多圣诞节时的房屋照片（所有房间里都是庆祝圣诞的人们）。然后研究者采访了房子的女主人，判断她们的社交水平。来自 16 个家庭的照片分到 52 个评判者手中。评判者基于他们在照片中看到的来评定主人的社交水平。8 所装饰过的房子中，有 4 位是擅长交际的人，另外 4 位属于不擅长交际的人；8 所没有装饰的房子中，擅长交际和不擅长交际的人数也平分秋色。

你可能会期待，评判者会认为圣诞节装饰房子的人比不装饰的人更擅长交际。但是研究者表示，针对他人的房主身份标签和针对自己的标签会有不同。装饰过的房子中，不擅长交际的人释放出最强烈的交际信号，这个发现暗示维尔纳：他们希望自己房子的外观，包括圣诞装饰，能够传递友好的信号，以便帮助他们和近邻交朋友。

但是即便是没有经过装饰的房子，评判者也能从他们的房子判定出他们是否擅长交际。评判者将擅长交际者的房子描述为“开放”和“长期有人居住”，而不擅长交际者则被描述成“封闭的”“被遗弃的”（在房子维护、整洁度和吸引力方面，评判者看不出擅长交际者和不擅长交际者之间的不同）。因此，观察者们得出结论，这种结论不仅仅是依靠直接的身份标签，如圣诞装饰，还通过易忽略的个性揭示，如长期有人居住是什么样子。

情感调节器：邓肯的庇护所

心理学家很早就知道最佳表现与最佳激励有关，想把一件事情做好，你必须保持警觉全情投入，而不是兴奋得不能专注于手头上的事情。激励条件因人而异，一些人在没有视觉和听觉刺激的环境下，如图书馆或者安静且装饰素雅的房间工作起来更高效；另外一些人则喜欢周围有事情发生的环境。我喜欢在吵闹的咖啡馆工作，放着音乐，看着来来往往的人们，周围有人在闲谈，但是我的同事在这种环境下连一份报纸都读不下去。

我们收集的关于自己的东西以及我们创造的环境并不是要表明我们的身份，而是用来控制我们的感情和想法。“情感调节器”——家庭照、纪念品、音响里的光盘，甚至是墙上的颜色——能帮助一个人追忆往昔快乐时光，帮助一个人专注于重要工作，或者为一个人在城里过夜打气。

邓肯的房间是我们评估过的一个房间，它看上去像是专门为让他沉浸在音乐和书的世界里而打造的，因此造就了一个舒适的环境。这是一个奢华的藏身之处（至少在学生看来是这样的），如此的设计让他享受着自己珍爱的收藏品。一张大床占据了大部分空间：上边是舒适的被子，床的一头是枕头。对着床的是一套时髦的多媒体娱乐设备，包含一台大型的高清电视和音响。音响环绕着整个房间。墙上全是书架，上面摆放着上百张录像带、光盘和上百本书。

不像大多数的高科技环境那样冰冷让人不快，他的房间温暖而有吸引力。木质的书架和诱人的床上用品让你想待上一会儿，享受房间带来的感觉体验。这个房间能满足你的所有需求。如果你想看一部电影，你无须费力回忆演员的名字，或者他与奥黛丽·赫本出演的电影名字，因为电影集和音乐推荐集都触手可及（我们早在谷歌和互联网电影数据库提供这些近乎过时的信息之前就对邓肯的房间进行过评估）。想要把海顿（Haydn）的交响乐调到最大音量吗？没问题。遥控器就在手上。我能看见我们的评判者并没有去下一个房间，相反，他们被邓肯的避难所吸引了。他能干地创造了一个私人空间，留下一些揭示他个性的线索。许多学生能够在这样的生活中发现快乐，他们会对任何有自我放纵感的事物产生谨慎的怀疑心理。而邓肯与他们不同，他能在自我放纵中得到快乐；他可以摆脱工作和生活带来的烦恼，的确，他已经做好为这样做而努力的准备了。一些人不能摆脱或者不想摆脱，但显然，邓肯能够做到。

套房卫生间是另一个可以寻找情感调节器的地方。跟次卫相比，它们更有私密性。实际上除了房主，它们不需要迎合任何人。房主可以把它们当作心灵庇护所。作为研究项目的一部分，我和合作者们参观了这样的一处庇护所。一个大且深的浴缸，周围是蜡烛和一瓶一瓶的浴盐，一张张厚浴垫和一本本触手可及的杂志，让人联想到想要远离尘嚣的某些人。通过环境来放纵自己，她在心理空间里留下了线索——她要追求并且想要实现的途径。我们知道，宁静是她想要的理想状态，我们还知道，她会躲进这个庇护所，寻求安静，这时，便远离了令她分神的外部世界（其他人可能会在山顶，或者与伴侣坐在托斯卡纳区的沉寂小镇的街边咖啡屋寻找平静时刻）。

人也会用音乐来控制或维持所思所想，他们的选择是判断个性的有用线索。当我看到一张光盘音乐集收录了很多舒缓的爵士乐时，这就暗示着主人维持着一种平静的情绪；那些吹捧斯坦·盖茨（Stan Getz）、艾灵顿公爵（Duke Ellington）和比莉·荷莉戴（Billie Holiday）的人，一般比不喜欢爵士的人更乐观一点。音乐是控制情绪的一种广泛传播并且高度灵活的方式。音乐如此强大，有时被用于心理实验来影响研究对象的心情。

有时也会有一两个例外（例如爵士乐）。令我们感到惊讶的是，居住空间里关于人们焦虑程度的线索少之又少。然而，有一条有趣的线索：鼓舞人的海报。显然，高度神经质的焦虑者使用传达自我肯定和鼓舞人心的信息的海报来控制自己对事物的担忧和忧郁情绪。海报是视觉形式的自我调节。近来，我了解了那些作为情感调节器的符号的多重功效。我受邀到一所大学进行讲座，给大家介绍我的一些发现。开始前，我与几位教员进行了一对一的谈话。其中有一个男士，我称他为拉里，他看上去很痛苦。仅仅通过与他的聊天，我了解到，他生活得很艰辛——你需要照料你自己，因为没有任何人会照顾你或者帮助你。所以，对学生严厉是对他们好，因为他们马上就会知道世界的残酷性。他说到一点：“你可以做你喜欢的工作，但是没有人会给你任何奖励。”

就在他进行演说时，我注意到在系办公室里一系列的用他的标准来看有心理重要性的事物。墙上挂着的物品里有几个装裱的证书和奖品。更有趣的是周围书架上新奇的奖品——塑料奖杯，或者一些有丝带的长毛动物，丝带上写着“世界上最好的爸爸”和“你值得拥有奖牌”。当然，这些可以被当作有趣的玩笑。

但为什么我见到的所有教师中只有他有这样的趣事？这些新奇的奖品和实质的奖品使我明白，在一个基础的水平之上，拉里感觉不被赏识。当他的同事得到认可的时候，比如一次加薪或者一份奖品，我敢说他一定会生气。

我们大多数人都希望被赏识，但是拉里深深地渴求得到这个在他看来艰难且充满敌意的外在世界的称赞。我预测他的系领导和同事会发现，偶尔主动对他的行为或者成绩赞赏一下，对他而言会有深远的意义。他的家人和给予他那些新奇奖品的人已经明白了这一点。

拉里的奖品永远留在办公室里，但是一些形式的自我调节却是根据需求来使用的。我的同事比尔·斯旺的办公室里有一张尼德·琼斯的照片，他曾是比尔最敬重的好朋友，著名的社会心理学家，现在去世了。照片放在不寻常的地方——贴在比尔桌上柜子的柜门内侧。尼德的照片将他们友谊的美好回忆带回，激励比尔做好自己的工作。但是如果把照片放到外边，用大头钉固定在公告板上，放在窗台上，或者贴在柜子外边就会非常明显。比尔想要感受好友带来的温暖感觉和回忆，而不想深陷其中或者被分神。因此，他创造了管理关于尼德的回忆对其影响作用的系统。当他想念尼德的时候，他只需打开柜门，拿出来看一眼。他的这个系统不仅让我们了解到比尔对朋友的尊敬，也告诉我们他管理情绪的风格。

行为痕迹：吉迪恩留下的痕迹

打开吉迪恩公寓卧室的房门，迎面看到的是如瀑布般倾泻而下的物品——书桌上一件叠一件， 桌子上、书架上、椅子上、床上以及地板上。瀑布般的文件、衣服和纸张涌进短袜、毛巾、书和光盘堆里。堆积在所有平面上的物品也都坍塌了。

带有几个小架子的铁架子挂在墙上。很久以前，这个空架子可能还是个供吉迪恩随手放置物品的好地方。现在看来，已经很难辨认任何实质性或者是主体性的秩序。从中间的堆积物开始说起：最底层是一把零钱，各种收据，一轴绿线，做过笔记的纸张，以及与一家餐厅的账单放在一起的红白条纹薄荷糖；第二层有一个反过来的小白纸盒，一瓶修正液，一个小拉链袋，里边装着各种维生素片和其他药片，还有一个半折的棕色纸袋；第三层有一根白色鞋带，一个打开的笔盒，一沓银行或公用事业单位的信封；第四层主要是活页纸；最上边一层看上去不稳固，一张折叠的粉色收据从堆积物的一边滑出来，一只运动袜悬在另一侧，空纸巾盒搁置在堆积物顶端边缘。

我使用“行为痕迹”这个术语来指代我们每天的行为给环境留下的物理痕迹，有时是没有行为留下的痕迹，书桌上的脏空咖啡杯是你不愿意洗涮留下的痕迹。并不是所有的行为都会留下物理痕迹，微笑就不会，走路、说话也不会。但是确实会留下痕迹的行为能够告诉我们一个人的特点、价值观和目标等信息。

吉迪恩留下的痕迹，就是那些物品以及物品的放置（或无序），表明行为是偶然发生的。公平起见，堆积物的摆放并不是完全随意的。除了短袜，物品似乎多多少少放在房间的某个特定位置。例如书架，90% 全是书，其余是一些便签、软件光盘、索引卡和金考快递信封。回收箱中，上边是一个塑料袋，几页纸下边是一个未打开的麦片盒子，其余大部分全是纸。

和其他观察对象一样，我们给吉迪恩做了个性测试，也从他的熟人中做了调查。测试和他的朋友都证实他的行为痕迹说明：他并没有花费太多时间规划，组织能力并不出色。

行为痕迹分析是遵循不打扰他人的传统方法。此类方法的重点是在人们不知情的情况下评估他们的想法、感觉以及所做之事。

我喜欢用这种不打扰的方式。他们在创造性、曲解性和业余间谍活动之间形成一种有吸引力的平衡，因此是观察的完美案例。我在一个班上教个性评估，鼓励学生思考在不被看到的情况下了解他人个性的方式。我对他们进行分组，经常会对他们的天赋产生深刻印象。几年前，有一组学生想要研究自恋，这是一种个性，基于经典的那喀索斯（Narcissus）[①]神话——一位美少年，因池中倒影沉醉，久久不愿离开最终饿死。研究个性的心理学家用“自恋”这个术语来指代过度的自我看重，有得到持续关注和敬慕的需要，以及对无限成功、力量和美的幻想。

我的学生仿照该神话设计了一项研究。一些校园建筑上安装了镜面玻璃以对抗得克萨斯的高温。一组学生待在这样的建筑里，暗中观察匆匆经过的人。每当看到行人查看自己在镜中的影像，学生们就在计分表上记上记号。他们注意那些放慢脚步停下来仔细观看自己的人。而另一组则等着这些不知情的路人，请他们做自恋程度书面测试。尽管该研究并不像出版论文那样严格，结果却是非常好的：正如预料的那样，自恋测试中分数越高的，当经过镜面玻璃时，他们越喜欢看自己的影像。该研究很好地说明了不打扰方式的一个优势，即能够评估那些无法直接进行评估的个性。人们通常不愿意诚实回答关于个性特点的问题，比如自恋，他们可能会比较消极。一般说来，这种设计允许我的学生们在别人不知情的情况下去进行评估，也不会干预他们的行为。（直到最后他们才用常用的自恋测试来评估通过窗户看自己的这种方式的正确性。）

我们同样也可以在不打扰别人的情况下进行评估。当我们诱导他们做出回

① 那喀索斯，源自希腊神话，是河神刻菲索斯与水泽神女利里俄珀的儿子。也有水仙花、自恋者的意思。

应时，他们并不知道有人在观察、衡量他们的行为。有几组学生就用了这种方法。一组——街头戏剧策略——包含在目标任务出现前上演一出戏，秘密观察此人的反应。我的学生“意外地”把书弄掉，双手抱住盒子站在关着的门前，甚至是从咖啡馆的桌上“偷走”一个包。他们想知道，目标对象是否会帮忙捡书，帮忙开门或者阻止小偷的行为。再次强调，这不是尖端科学，但是我的学生们发现，在一种情境中提供帮助的人有可能会在另一种场景中再次提供帮助。其他的一些不打扰的方式还包括：通过计算展品前地板的更换频率找出最受欢迎的博物馆展品，或者根据每个展品玻璃柜上的鼻印来预测参观人数——甚至还可以通过鼻印的高度估测参观者年龄。

行为痕迹是一种不会打扰人的研究方式，但它不是用来评估行为的一般类型（是不是参观博物馆者喜欢埃及木乃伊甚于内战期间的信件）。我的研究主要关注一个人的重复行为（阿尔菲是否一直在叠衣服）。调查者要寻找的是特定个体影响世界的明显证据，最好是人们待上一段时间的地方（因此有许多机会留下证据），在这些地方，我们的调查者能合理地将痕迹和留下痕迹者对号入座。出于这样的考虑，我们开始研究个人环境，如卧室、办公室，各种表达方式，如音乐爱好和着装风格。

要理解为何行为痕迹对我们的工作如此重要，就得看一下个性的一个有用定义：个性是属于一贯的思想感情和行为。如果你按照字母顺序整理过一次书籍，这并不能表明你是一个有条理的人。如果你只尝试过一次新菜肴，这也不能印证你是一个胸怀宽广之人。因为一个行为若属于你个性的一部分，它应该是你不断重复去做的事。想要真正变得有条理，你必须系统放置书籍，并把它们放回该放的位置。此外，你还应该整理光盘，给电子邮件做文件夹，把开瓶器放到指定的抽屉里。

要想胸怀宽广，你应该经常尝试新菜，不能只把它作为典型保守菜单的小插曲。你还应该喜欢非传统节日多于传统节日。你应该喜欢在一场名不见经传的舞蹈表演中冒险，而不是年复一年地看《胡桃夹子》（*The Nutcracker*）[①]。显然，重复行为会比偶然越轨更能留下痕迹。卧室和办公室通常是这些重复性行为证据的藏身之处。我相信，这也就使它们成为发现人们个性的好地方。卧室里积累的痕迹比通过面谈记录或几场会议更能揭示一个人的行为。

人们还可以在最不可能的地方找到个性痕迹。当一起严重犯罪事件引起媒体关注的时候，警察通常会在垃圾堆中发现证据。其中一个垃圾袋里很可能有房间主人的垃圾。垃圾是行为痕迹最丰富的地方之一。当然，美国联邦调查局对关于犯罪行为的证据更感兴趣而不是关于个性的证据，但主要原理是一致的。令一些名人苦恼的是清洁工会从他们丢弃的垃圾中寻找信息。1973 年，一个这样的清洁工沃德·哈里森在四处寻找雪儿（Cher）[②] 的垃圾后表示："就像是她的整个世界都掌握在我的手中一样。"再后来，他说："垃圾是灵魂之窗。"

在哈里森搜寻雪儿垃圾的同一年，一个不怎么轰动的项目正在亚利桑那大学进行。威廉·罗杰和他的人类学应用研究院的合作者已经发掘垃圾背后的故事多年。这并不是学术圈最光鲜的工作，却是最有趣的。正如考古学家们通过古迹挖掘来了解古代文化一样，罗杰启动了该项目。20 多年前，我刚开始在房间和办公室做观察学研究，罗杰，这个被称作"垃圾堆里的夺宝奇兵"的人，开始将配有防护服、手套和面具的研究人员分派到城市的各垃圾场收集线索。

垃圾研究是一个严肃且科学的研究方法，用于鉴定人们消费和丢弃的东西。

---

① 胡桃夹子，是柴可夫斯基编写的一部芭蕾舞剧。
② 雪儿，美国女演员及歌手。

该项目不是为了了解特定的人群，而是为记录消耗和丢弃的一般趋势。例如，研究人员通过查看特定地区丢弃的快餐盒来追踪社交形式。

垃圾项目的原理和方法可以用来研究特定人群，但比较遗憾的是在我们进行卧室和办公室研究时，不允许动任何东西。因此，虽然我们很想将垃圾桶翻个底朝天，却不可以这样做。当然，没有什么可以阻止我们的解密专家偷看垃圾桶。如果你有机会（正当）观察别人的垃圾桶，千万不要错过机会。它可能不是物主的灵魂之窗，但它确实能告诉你一些你意想不到的信息。你可能会找到个人作品，告知你此人是怎么想的，又在想什么。五张丢弃的信纸，虽然没能看到最终版，但每一张都闪耀着水晶般的光芒，充满着能量，不仅透露出他的新世纪信仰，也透露出他注意维护社会关系。揉搓成团的购物单和商店收据不仅能让你知道他买了什么，而且能告诉你他是如何购买的。冲动的购物者会买购物清单上没有列出来的物件，但是一个有计划的购物者会在有需要之前就考虑购买大量物品。丢弃的艺术品能证明创造性的鉴赏能力。空药瓶——抗抑郁、抗焦虑及类似药物——可能会揭示一些我们在其他地方发现不了的潜在倾向。

丢弃在垃圾桶的物品很有价值，有两个原因可以解释。第一，物主已经不在乎这些被丢弃的物品了，所以它们便不再像那些可以继续用来维护形象的物品一样受到重视；第二，垃圾桶里的物品能够反映真实发生的事情，不仅仅是那些我们认为在哪天会发生的事情。我们已经做过的事情和将来计划做的事情之间的区别带我们认识了一种新的行为痕迹：你不仅可以在物质空间发现过去的行为，也可以找到关于预期行为的线索。在一个房间中，我看到一瓶未开封的酒和一些围成圆圈的地垫，这些物件表明主人正打算款待客人；在另外一个房间，我们看见一本新剪贴簿、一把剪刀和一瓶胶水，这些物件则表明住在这里的女人开始关注情感需求了。

行为痕迹的说法打断了一些尚待完成的活动,但一般的推理过程是相同的。一个空间的物品以及这些物品的布置方式反映了潜在的行为。正如了解私人空间和公共空间中痕迹的区别是有指导性的一样，寻找预期行为和已发生行为之间的差异也是有用的。根据茶壶、茶杯和数不尽的茶包来判断，这个人是希望邀请朋友来喝茶吗？但是他是不是并没有这么做，因为茶壶和茶杯上没有茶渍，未开封的茶包上是陈旧的最迟消费日期——这些线索只有高级的观察者才能发现。

人们也会在私人空间内部揭示其在外部空间活动的痕迹。福瑞达是我们的一个研究对象。她在靠墙的地方放了一个冲浪板、一个滑雪板和一个滑板。这表明她是寻求刺激的人。如果我们查看一下她的车库，可以看到一个装满登山设备的包、一副滑水橇和一辆跑车。贴在冰箱门上的是日历和医生预约单。日历上标记着即将到来的山地自行车活动，预约单则是关于检查激烈运动中扭伤的脚踝的。这些例子说明，我可以从他人的空间中获得大量信息。这些信息涵盖生活的方方面面：剧院票根、沾满泥巴的球鞋，这些都是户外活动留下的室内线索。

很多这样的推理是不需要夏洛克·福尔摩斯的，例如认知。如果我在一个宿舍房间看到收藏的大量 DVD 和精密的 DVD 播放设备，我们没有理由不去相信这个人喜欢看电影。运动设备也可能是一个明显的信号：其主人是运动员。痕迹判断的把戏通常意味着把一种自然技能转为一个研究工具。

做一个眼尖的观察者

在本章的前一部分，我谈到你可能把照片和符号——一张你和伴侣与孩子的照片或者是印有哈佛大学标志的咖啡杯——作为自我的身份标签。这些自我的身份标签之所以能起作用是因为它们肯定并支持你的自我形象；它们使你心安并且感觉良好。也就是说，事物同时可以是身份标签和情感调节器。所以当你翻阅这本书时，当你观察他人的空间时，问问你自己，这个人拥有何种独特的个性，问问这个人这样做有何所思所想；他展示出来的照片是否反映了工作取得了成功（开着崭新的捷豹参加高中同学聚会），是否反映出在自然奇观面前感到渺小（阿特拉斯山上的营地），是否反映出交往能力（与比尔·克林顿握手），是否反映出与伴侣的浪漫关系（照片中的主角正拥抱着伴侣），或者是否反映了有爱宠的陪伴（你和鲁夫坐在码头上向湖面看去）？

我们在本章中了解了人们是如何通过身份标签、情感调节器和行为痕迹将我们的行为留在私人空间里。这些原理并不相互排斥，解释线索的原理也并不总是明确的。靠在卧室墙上的滑雪板也确实能反映追求刺激的行为，但是滑雪板主人把它放在可以看得到的地方，而不是收藏在壁橱里，这可能表示她想让别人知道她过着积极的生活。形成印象时，你需要将这些区别记在心间。在培养观察技巧的时候，停下来，四处看看。无论你是坐在家里、火车上、汽车上或者咖啡屋里，我们很容易就能看到这些明显的证据和无意间的表达。当你考虑这些物件为什么会摆放在这些位置时，你就开始构造其主人的故事了。

根据卧室、办公室和网站而形成的猜测与日常生活中我们对个性的猜测并没有什么不同，只是我们依靠的是新形式的信息。作为观察者，你的工作就是学习如何解读。为了完成这项工作，我们需要了解一些古代雅典人的聚会，找出“大五”人格模式（“Big Five” model of personality）。换句话说，我们需要学习何种研究能告诉我们人们区分彼此的多种方式。

第　二　章

大五人格理论

你是一个喜欢纵酒狂欢的人吗？我是说真格的，不是指那些 Jay Z[①] 和他的朋友们举办的那种温和版本——停靠在爱琴海小岛旁边的游艇上举办的聚会。我这里说的聚会指的是那种在两千多年之前举办的聚会，不是指 Jay Z 举办的现代聚会。

如果你在雅典碰上这种聚会，你可能会看到在角落里坐着一个怪人，他用骨尖笔在蜡板上以尽可能快的速度刻写着。并且，如果你在付钱的时候，显得很吝啬很不大度，还滔滔不绝地讨论着昨天的战车竞赛，或者试图在自己完完全全大醉之前再和某个人跳一支舞（但愿不会如此），那么你或许已经成为上述刻写的主角了。许多人认为这个做记录的人——泰奥弗拉斯托斯（Theophrastus）[②]——是第一个专门研究个性的心理学家。作为一个伟大的特征类型的年代记录者，他花费了大量的时间去观察他的雅典人民的行为。尽管他没有现代个性研究的数据工具，但是他的确有仅次于该工具的东西：将敏锐的观察能力与捕捉能力相结合，进而了解一定行为的并发是如何产生独特个性类型的。

泰奥弗拉斯托斯观察到，借钱买一罐酒却迟迟不还钱的人，在购买双耳细颈瓶酒的时候讨价还价得更厉害。他们还会令自己的仆人去确认填料工是否在斗篷中添加了额外的泥土，以便它在未清洗的时候，能使用更长时间。泰奥弗拉斯托斯发现，站在广场中央滔滔不绝地讨论战车竞赛的人比其他人更喜欢喋喋不休地讨论各种话题，任何时间任何地点，不论是坐在陪审团中间看表演还是在饭桌上吃饭的时候。

---

① Jay Z，原名肖恩·科里·卡特，美国嘻哈歌手。

② 泰奥弗拉斯托斯，公元前 4 世纪的古希腊哲学家和科学家。

古代的性格类型

泰奥弗拉斯托斯曾经意外地发现，行为并不是任意分布的。如果你了解一个人的一件事，你就可能比仅凭运气更能猜测到其他的事情。这种特征组合起来便形成了一种个性类型。在他的伟大作品《性格》（*The Characters*）一书中，泰奥弗拉斯托斯列出了30种性格类型——从吝啬型、多嘴型到阿谀奉承型、无耻贪婪型——并运用大量令人震惊的细节来描绘特征。下面就是一个例子——不合时宜之人：

不合时宜性（Unseasonableness）指的是面对我们见到的人时表现出不合时宜的态度。不合时宜之人就是这样一类人，他会在你很忙的时候找你倾诉心声；他会在情人生病的时候给情人唱小夜曲；他会在某人因为给他人做担保而蒙受损失的时候，继续选择这个人当他的担保人；案子了结之后，他出庭当证人；在一个婚礼上，他大骂女人；他向刚刚长途旅行归来的人建议出去走走；他给刚刚低价售卖了产品的生意人介绍了一个愿意出高价的买家；他会给人们讲一个人家早已经听过的长篇故事；他会急于向一个根本就不需要被帮助的人提供帮助；如果他去参加仲裁调解，他会引起双方的争执；当他开始跳舞的时候，他会抓住那些还没有喝醉的人。

泰奥弗拉斯托斯一直在雅典从事着他的研究工作，个性心理学家做研究的方式已经改变很多，但核心的任务还是相同的。像泰奥弗拉斯托斯一样，我们仍然喜欢研究人们是怎样的。但是现在我们还想研究他们为什么会是这样的。当今研究个性的心理学家想知道环境和遗传基因是如何改变人们的个性的——

他们相对稳定的思考模式、情感和行为模式——以及他们的个性特征是如何在他们的日常生活中表现出来的。研究个性的心理学家试图了解为什么有一些人喜欢亲密，但是从来不会将“我爱你”这样的柔情话说出口；或者为什么当地的一名图书管理员看上去更适合这个职位而不是做一名律师；或者为什么有一些人不会再忍受过多的健康问题。

作为一个初学观察的人，你可以先学习一下泰奥弗拉斯托斯的调查，观察一下个体之间存在的差异。然后你就可以进入下一个阶段，去了解他人：另一个希腊人的作品，他也是从他那个时代流行的事物——角斗——当中获得灵感。

在角斗学校工作的内科医生比一般人能见到更多的身体内部的运作。亲眼见证了足够多的血淋淋的被长矛刺伤和被狮子咬伤的人之后，他可能会猜想那些身体里的管子究竟在做什么。克劳迪斯·盖伦（Claudius Galen）[①] 就是这样一位医生，他意识到这些伤口带来的医学技术突破的机会；他把这些伤口视为进入人体的窗户。盖伦比泰奥弗拉斯托斯晚出生四个世纪，后来成为西医中最具有影响力的内科医生。盖伦提出性格特征的生理基础理论，这是一种大跨越。他假设了四种基础个性类别，每一种都与四种体液中的某一种体液的失衡有关：血液过多的人会很自信，黑胆汁过量的人更容易变得抑郁，黄胆汁过多的人容易愤怒，冷静的人被认为有过多的黏液质。

这种以性情为基础特征的观点在提出的个性理论中得到证实。尽管盖伦提出来生物机制还没有达到科学研究的地步，但是他关于基础性情的观点相当好地生存了下来，这也让后来的科学家可以去详细研究那些基础类别。有这一研究在手，你进入卧室或者浏览音乐集时，你想到的将不再是这个人是一个什么

① 克劳迪斯·盖伦，是古罗马时期最著名最有影响的医学大师。

样的人这样模糊的问题，而是一系列能了解人们之间差异的方式。当你进行观察的时候，这些问题不仅能确保你不错过任何重要的个性方面，而且能提供一个供自我与他人进行比较的现成框架。

大五人格理论

到 20 世纪末，几十年的研究已证实我们的先辈们靠直觉得出的结论：某些特征是组合在一起出现的。例如，我们现在知道健谈的人比安静的人更有活力，但是跟更可靠或更不可靠没有关系。我们知道有创造性的人好像更冷静，但看不出他们是不是比其他类型更焦虑或更不焦虑。我们对这些模式的理解使我们收集到的行为信息变得有意义。在我们收集到更多的信息之前，我们可以将那些从人们的握手或者对自己房子的装饰中了解到的信息整合到作为科学工作假说的个性形态当中。但是需要记住的是，辨别某个人的个性，逐渐认识他或她，更像是猜谜而不是将性格特征组合起来。因此，如同玩七巧板时我们先将红色卡片从绿色卡片中分拣出来，我们同样可以通过将相称的个性片段分组来解决个性的难题。

截至目前，最广泛的——也是最牢固建立的——用来组合个性特征的系统被称为“大五结构”（其他系统，例如性格测试，在心理学界没有得到广泛应用）。大五人格包括开放性（openness）、责任感（conscientiousness）、外向性（extraversion）、宜人性（agreeableness）和神经质（neuroticism）。当按照此顺序排序的时候，就便利地写为“OCEAN”。此书中我将用五大特征谈谈个性。当你阅读他人的性格特征时，你无疑也想要了解自己的个性特征。因此，在我讲述五大特征之前，我建议你先迅速做个大五测试。

表 2.1 中我列出了可能符合你的实际也可能不符合的一些特征。在每一句陈述旁写上数字，表示对该陈述同意或者不同意的程度。你需要确定一组符合你的情况的特征，即便其中一个特点可能比另一个特点更加符合。请记住这是你自己的信息，尽可能诚实地回答。

表 2.1

非常不同意	部分不同意	少数不同意	没意见	少数同意	部分同意	非常同意
1	2	3	4	5	6	7

我认为自己：

1. ____	外向的，热情的
2. ____	挑剔的，好斗的
3. ____	可靠的，自律的
4. ____	焦虑的，易沮丧的
5. ____	喜欢尝试新事物，复杂的
6. ____	保守的，安静的
7. ____	富有同情心的，温暖的
8. ____	紊乱的，粗心的
9. ____	镇定的，情绪稳定的
10.____	传统的，缺乏创造性的

表 2.2 是计算大五分数的简单快捷方式。

表 2.2

开放性	=	（8 - 第 10 项中所得分数）+ 第 5 项中所得分数
责任感	=	（8 - 第 8 项中所得分数）+ 第 3 项中所得分数
外向性	=	（8 - 第 6 项中所得分数）+ 第 1 项中所得分数
宜人性	=	（8 - 第 2 项中所得分数）+ 第 7 项中所得分数
神经质	=	（8 - 第 9 项中所得分数）+ 第 4 项中所得分数

你能从这个测试中得到关于这五个维度的分数。但是，作为单个的数字，它们并没有太大意义。想要找出你自己的类别，你可以将你的分数和那些成千上万的测试参与者的分数进行比较。在我们的研究中，我们得到以下的平均分值，见表 2.3：

表 2.3

大五维度	女性	男性
开放性	10.8	10.7
责任感	11.0	10.4
外向性	9.1	8.5
宜人性	10.6	10.1
神经质	6.7	5.7

接下来，我将详细描述每个大五维度的特点，但在这之前，你需要了解几点。第一，我们所有人都有五个维度的得分。这就意味着我们得到的大五分值可以用图呈现出来，如图 2.1。

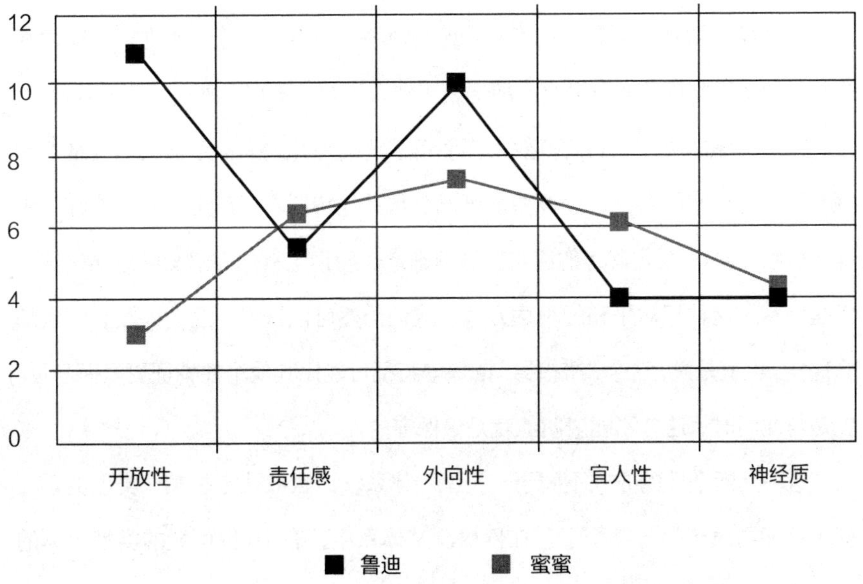

图 2.1　鲁迪和蜜蜜的大五人格特征图表

我们可以看到，鲁迪在开放性和外向性上的得分比较高，责任感上的分值属于中等，而在宜人性和神经质上的得分相对较低。蜜蜜在责任感、外向性和宜人性上的分值为中等，在开放性和神经质上的分数较低。

我们可以用两种方式来解读这幅个性图。

第一种，我们可以将一个人的个性特征分值和另一个人的个性特征分值作比较，因此我们可以认为蜜蜜相对不够外向，因为她在外向性上的分值比鲁迪的要低。当你想要在个体之间进行选择的时候，用此种方式是非常有效的。例如，如果你想知道谁更适合销售人员这个职位（外向的人在这方面做得更好）或者是长途卡车司机的职位（内向的人更适合做这个工作）。

第二种，我们可以把一个人的一项特征和这个人的另一项特征进行比较，因此我们可以得出这样的结论：蜜蜜在外向性上的得分比其他特征的得分要高。如果我们想要了解一个人的所有特征，这种方式是非常有效的。就像我们向别人介绍一位朋友一样。

如果我向你介绍蜜蜜，我可能会提及她的外向特征，因为她在这方面的得分比其他个性特征的得分要高，即便她跟别人比起来不那么外向（例如鲁迪）。

在实际操作中，我们大多数人都使用了这两种方式来描述他人的特征。在观察一个办公室的时候，一种特征可能会从其他特征中显现出来——钉在“布什 / 切尼 2004”公告牌上的纽扣能够清晰地表明物主有保守主义的政治信仰。但是，基于这种相对平和的表达方式，我们仍然可以认为，这个人没有别人那么保守。也就是说，这个“纽扣男”的保守特征可能比其他个性特征更显而易见。但是与此同时，这并不能表明他就是最保守的人。

这种判断个性的方式不同于“类型”体系，一旦被认定是某一类型的话，就不可能再属于另一类型了。在性格测试体系中，有 16 种可能的类型。你的

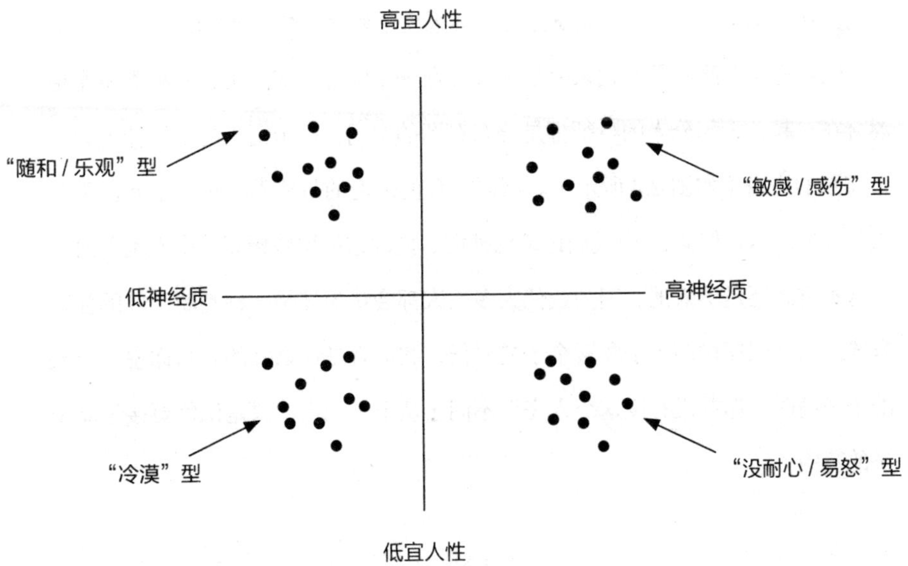

图 2.2 结合宜人性和神经质特征来判断个性类型

特征符合且只能符合其中一种类型。如果你属于 ESTP 类型（也就是说，你是外向、敏感、有理性和有洞察能力的人），你就不可能是 ISFP 类型（即内向、敏感、感性和有洞察力的人）。大五人格特征之所以与众不同，是因为每个人在五个维度上都有分值。你仍然可以通过找到能证明特征组合的人群，使大五个性特征类型更加多样。因此，想象一下，我们研究过了大五人格模型的两个维度，然后根据宜人性和神经质维度来确定这一组人的位置。如图 2.2 所示，我们可以根据人们所处的象限将人们进行分类。处在右上方象限的人（高宜人性和高神经质）可以被看作是敏感 / 感伤的类型；处在左上方象限的人（高宜人性和低神经质）则可以被看作是随和 / 乐观类型的。那些低宜人性和高神经质的人可以被视为没耐心 / 易怒的类型；两个维度都低的人可以被看作是冷漠型的。从根本上说，像性格测试这样的体系就是如此来判断类型的。

但是将人按照此种方式来分析就会存在一个问题。实际上，各种类型交相混合在一起，大部分人的特征都是分布在图的中间，极个别人的个性特征会分布在图的边缘（如图 2.3 所示）。所以，我们谈论的是将不真正属于此范围的人分开来。尽管如此，当我们讨论到外向、内向这种比较极端的个性类型时，用这种方式还是奏效的。因为我们大多数人都会认为那是一种判断个性的强制方式。当我们探讨高个子和矮个子的时候，我们就是这么做的。当你说一个人的个子高时，你并没有说这个人完全不同于矮个子的人，只是说他更接近高个子的范围。

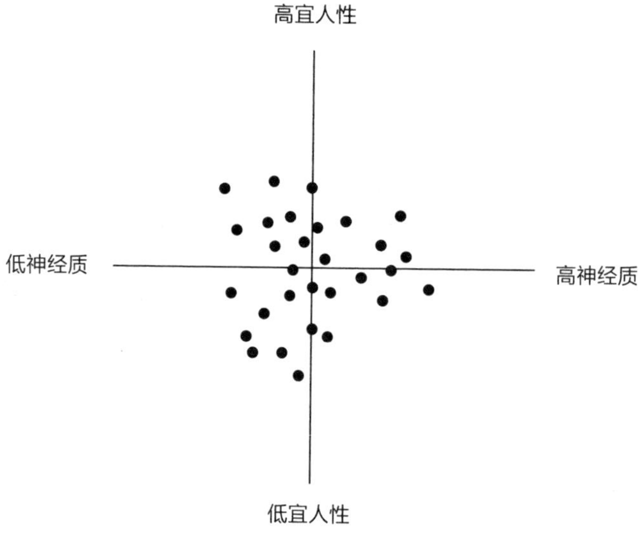

图 2.3　个人宜人性和神经质分值的实际分布

关于大五个性类别我们需要记住的第二件事情就是：它们真的极宽泛。每一个维度都包含极细的内容，这些内容中甚至还包括一些更细的内容。图 2.4 所示的是大五性格特征中“外向性”维度的结构图。你可以看到，外向性包含 6 个低层次方面：友好、乐群、支配、活跃、寻求刺激和快乐。而这些方面又涵盖更加细致的特征：乐群的人可能喜欢参加社交活动，有支配欲望的人可能有掌控团队的背景。

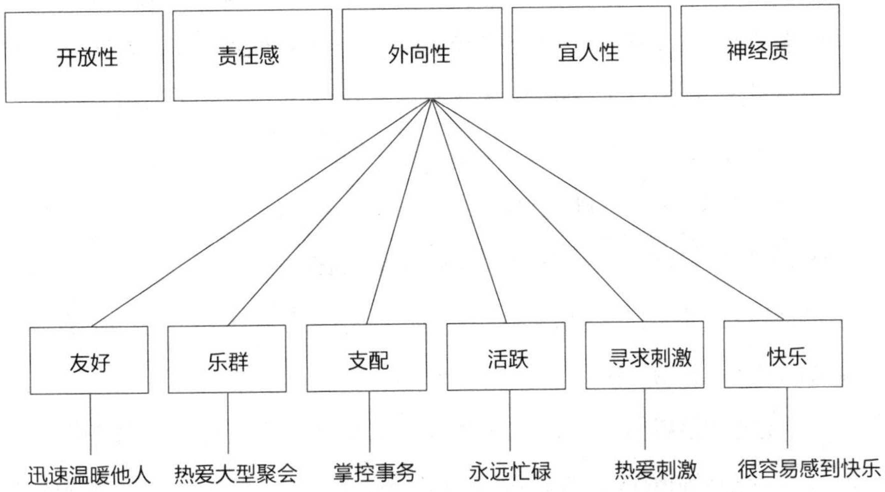

图 2.4　大五性格特征中“外向性”维度结构图

研究已经表明，这些特征之间是相互关联的，但并不是所有时候都是如此。因此，尽管在乐群这一方面获得高分的人容易在支配性方面获得高分，但是实际上也并不总是如此。我自己的大五特征分值表明我是属于开放性维度的。总体上说，我在开放性维度分值较高的一端，除了一项之外，我在其余各项当中都得到了较高的分值：我在想象力、艺术爱好、冒险精神、智力和自由方面都得到了很高的分数，但在情感方面得到的分数很低。诚然，情感在人们通常看来是与其他方面一起存在的，但是对我而言，却并非如此。尽管科学家必须将此泛化为普遍原理，但是要牢记心间的是，有的人的特质很难适用于类别模式，就像我不符合开放性维度是一个道理。例如，你第一眼看见未来室友布置得井井有条的卧室时，你可能会认为他属于高责任感，可能也表示他在责任感维度中的所有方面都得到了高分值。但他可能是在责任感维度的一些方面比其他方面获得了高分值。进一步的观察会帮你发现这些方面究竟是什么。在布置得井井有条的书桌旁，你可以看到一个硬纸盒，盒上贴着标有“项目”的标签，里面全是有记号的文件夹。经未来室友的许可，你翻看了一下这里的物件。你看到了故事书、艺术相关的设计、相册（所有的这些都表现出高度的开放性）。但是细看之后，你注意到，这些艺术设计几乎都没有完成。相册中，前几页里的照片都仔仔细细地贴上了标签，但随后就不再这样做了，你能够看到，她很随意地将几组集体照塞进背页里。你意识到，你这位有责任感的室友在自律方面的分值要比预期的低。

当你按照最后一点进行观察的时候，你需要牢记大五人格特征的第三个特点。如果没有谨慎仔细地解读这些分类，那么它们会误导你。大五人格研究人员（又叫大五研究人员）开发的一些分类标签比其他分类更符合日常用语的表达方式。外向性就很好——你所理解的意思恰巧与大五研究人员理解的意思极为一致。但是其他几个特征可能会引起疑惑：例如，当你说你的一个朋友神经质的时候，你可能想说他因生活中不能得心应手而担忧。大五维度中所说的神经质的确包含焦虑的因素，但是它包含更多的东西——它还涉及其他的消极情绪，比如生气和情绪低落。在该特征上得分较高的人对事情的反应会比其他人更强烈，甚至会把小挫折看成是大挑战。

所以，不要被这些分类本身干扰是非常重要的；我们需要集中精力去关注每一个维度相关的更广泛的行为。表 2.4 至 2.8 中所显示的是大五人格特征和能够证明这些特征的典型行为和符号。在这些表中，我大量引用了约翰·约翰逊（John Johnson）对各种维度和内容的详细研究描述。我建议你将这些书角折叠起来，以便在读到后文的结论时，你可以回过头来翻看和查阅这些专栏。（那些在责任感维度、有序性方面得分较高的人，或许早就已经这样做了！）

莱昂纳多因素——开放性

表 2.4 对经验的开放性（或者简称“开放性”）进行了描述。在开放性维度分值较高一端的人们喜欢挑战标准和传统；他们喜欢开动脑筋并且有着丰富的想象力。与之相反，属于该维度的分值另一端的人则更喜欢具体的事物，而不喜欢抽象的；更喜欢已知的，而不喜欢未知的。莱昂纳多·达·芬奇（Leonardo da Vinci）就是开放性维度的代表人物之一。他是意大利画家、制图人、科学家、工程师、建筑师、雕塑家、音乐家、数学家、解剖学家、天文学家、地质学家、生物学家，还是哲学家。他也是《蒙娜丽莎》的作者，是有远见的潜水艇、制冷系统、望远镜和飞行器的发明家。他代表着与文艺复兴相关的创造力、想象力、创新性、好奇心和非常规性。他堪称是开放性的典范。

一个极具开放性的人会去浏览书店哲学区的书籍，会去不丹旅行；他会开车经过橄榄花园，前去一家融合了埃塞俄比亚和瑞士烹调风格的名为 Fondue Selassie 的创意餐厅。相比之下，开放性不高的人考虑短时间假期的安排时，会放弃去巡游巴哈马群岛，退而求其次地选择在佛罗里达州的海滩度过一周。

表 2.4　大五维度：开放性

代表：莱昂纳多·达·芬奇 在开放性上得分高的人倾向于： 有创造性、想象力、抽象性，有好奇心，喜欢深度思考，有创造力、艺术品位和审美能力 在开放性上得分低的人倾向于： 保守、具体、传统，喜欢已知的多于未知的 因素： · 想象力：高分者易于在想象当中去创造一个更加有趣的世界。 · 艺术品位：得高分者欣赏艺术和自然中的美，融入并沉浸到美学之中。 · 情感：高分者更易了解和感知自己的感情。 · 冒险精神：高分者渴望体验新活动，喜欢去异地旅行，获得不同的体验。 · 智力：高分者喜欢思考，他们乐于接受新的不同寻常的观点，他们喜欢辩论知识话题。 · 心理开放程度：高分者乐意挑战权威、惯例和传统观念。 高分者： 你可能会在这里找到他们： 在书店的哲学书籍专区。 他们可能会做： 走一条未走过的路回家，仅仅因为这条路不同。 他们可能会说： “嘿，别把洗衣机扔了，我想用它来做一盏灯。”

机器战警因素——责任感

我认为责任感的代表是“一半是人、一半是机器的警察”——机器战警，同名电影中的核心人物。机器战警的特点是效率高，以原则为导向，富有责任感。

表 2.5　大五维度：责任感

代表：机器战警

责任感维度得分高的人倾向于：
深思熟虑、可靠、可信、工作努力、工作专注、高效、统筹规划

责任感维度得分低的人倾向于：
无序、迟到、粗心、冲动

因素：
· 自我效能：高分者相信他们有获取成功所需要的智慧、动力和自我控制的能力。
· 秩序：高分者是井井有条的人，他们喜欢按照惯例和计划做事；他们擅长列出清单、做计划。
· 忠诚：高分者有很强的义务感。
· 追求卓越：高分者努力追求卓越；他们都有着强烈的方向感。
· 自律：高分者有能力坚持完成困难的或者令自己不愉悦的工作；他们能够克服不满情绪开始工作，并且能在出现干扰的时候保持专注。
· 谨慎：高分者能从容不迫地做决定。

高分者：
你可能会在这里找到他们：
在办公仓库过道口售卖彩色档案管理工具的地方。
他们可能会做：
在钱包里的邮票用完之前就买好备用的邮票。
他们可能会说：
"我刚刚整合了一下时间，注意到，我们策划了三个月的会议将和这个城市中的一场自行车活动有冲突。我已经将地图打印出来，并标出了最佳可替代路线。万一你需要联系我，你可以在地图背面的有效电话列表里找到我的电话号码。会议开始前一周，我会给你发电子邮件，确保一切都在顺利进行。"

像机器战警这样的人，在责任感维度会得高分，他们凡事都会提前进行。他们喜欢秩序。他们会在电脑打印纸用完之前提前购买。他们总是把铅笔削尖，他们会在钱包里放上备用的邮票。当他知道这样做对回过头来参照这些表格有

用的时候，他们会将书角折叠起来。所以，尽管责任感是这个结构当中的一部分，但是这个维度并不像大五人格中的责任感那样受到良心支配。有责任感的人不易受到干扰。他们很谨慎。我希望我乘坐的飞机中，空中交通管理员正好有这个特点；我希望指挥塔台的人都处在责任感维度高分值的一端——这样的人不会受干扰，也不会忽视从卡拉奇飞来的波音 747 飞机。

当我还在读研究生的时候，我有这样一个室友，他叫埃里克，他参加了飞行员训练。我自己不是一个很有责任感的人，所以上课偶尔会迟到。有时我的未来飞行员室友会载着我去学校，这样我就不用自己骑着自行车去上课，也不会迟到。匆匆忙忙的时候我会从公寓楼梯上飞奔下来，直接冲到停车场，跳进车里，一旦埃里克发动汽车，我就准备好冲向学校。但是事实上，我无须做这样的准备，因为埃里克是一个非常理智的人，他会先等发动机预热。尽管这种对冲动的控制会使我们这些在责任感维度得分较低的人感到厌烦，但是我就是喜欢坐这种人开的飞机，他是一个按照书本规规矩矩做事的人。在寒冷的早晨，在车上这样做，意味着发动机在你上路之前他就已经预热完毕；在飞机上这样做就意味着飞机冲出跑道前，他检查了所有应该检查的东西。

你可能会认为责任感总是我们希望自己和自己喜欢的人会有的品质。谁不想变得井井有条、可信赖并能持之以恒呢？正如约翰逊所指出的那样：“责任感很强的益处是显而易见的——有责任感的人会通过有目的的计划和持之以恒的毅力，避免麻烦，获得巨大成功。他们还被他人视为有智慧、可信赖的人。”然而，约翰逊注释道，它也有消极的一面：“他们可能是强制性的完美主义者和工作狂。”此外，责任感极强的人可能会被视为故步自封的和无趣的。

比佛利山超级警探特征——外向性

我选择的外向性维度的代表是艾迪·墨菲（Eddie Murphy）在《比佛利山超级警探》（*Beverly Hills Cop*）中饰演的阿克瑟尔·弗利（Axel Foley），这个角色看上去跟他饰演过的其他角色都类似。弗利，他健谈，热心肠，兴致盎然，有活力也擅长社交，就是你在聚会上想要寻找的那个人。但是，令人惊讶的是，外向性还包括一些你可能不希望与这个维度相关的特征。例如，你可能会希望外向的人比内向的人在友善和交际因素上得到更高的分值，大多数人也不希望固执己见是属于外向型特征的一部分（比较容易想象的是：固执己见会与低宜人性和低神经质有关）。在所有的大五维度中，人们对外向性特征研究得最多，因为它在社交中很常见，而且这种场景也是心理学家喜欢研究的。

表 2.6　大五维度：外向性

代表：阿克瑟尔·弗利（电影《比佛利山超级警探》中的主角）

外向性维度得分高的人倾向于：
健谈、有活力、热心、固执、外向、喜欢社交

外向性维度得分低的人倾向于：
保守、安静、害羞

因素：
- 友善：高分者真心喜欢他人，向他人表达积极的情感；他们很快就能交到朋友，很容易与他人建立亲密的关系。
- 爱社交：高分者认为他人的陪伴是让人快乐的也是激励人的；他们喜欢一群人一起玩的兴奋。
- 支配：高分者喜欢发言，喜欢掌控，喜欢指导别人的活动。
- 活跃程度：高分者过着快节奏繁忙的生活；他们快速地、充满活力地、精力充沛地动过来动过去；他们喜欢参与到许多活动当中去。

· 寻求刺激：没有大的刺激会让高分者感到乏味。他们喜欢亮光，喜欢嘈杂，喜欢冒险和恐怖。

· 高兴：高分者很典型地体验着积极的情感，包括幸福、热情、乐观和快乐。

高分者：
你可能会在这里找到他们：
在聚会的中心。
他们可能会做：
煲电话粥。
他们可能会说：
“哈哈哈。”（他们超爱笑）

罗杰斯因素——宜人性

我要从电视节目中选择宜人性的代表。弗莱德·罗杰斯（Fred Rogers）是出了名的绅士，人很体贴，就连小偷发现偷的车是他的之后都会把车再还回偷车的地点。罗杰斯是基督教长老会的会长，他从1968年至2001年一直主持《罗杰斯先生的街坊四邻》（*Mister Rogers' Neighborhood*）这个节目。该节目教给孩子们生活中重要的事情，节目旨在提高孩子们的自信心。罗杰斯用他高度的敏感性预测并解决了他们的担忧。

鼓励他们做快乐的、高产出的公民。他是宜人性维度积极性方面的一个极好的代表，因为他慷慨大度、富有同情心，温暖也善良。所以，尽管这个维度被称作是宜人性，但是在这个维度的人并不是容易被征服的人。它更多的是代表人际关系之中的温暖。在该维度上得分较低的人表达观点的时候比较坦率也比较直接，不太会考虑别人的感受。《美国偶像》（*American Idol*）[①]中的评委西蒙·科威尔（Simon Cowell）以刻薄地贬低他人著称（或者至少是他在节

① 《美国偶像》，原型是英国电视节目《流行偶像》。

目中的表现方式），他就是处在宜人性维度得分较低的一个典型代表。如果经历了非常艰辛的一周之后，你为自己感到难过，想要寻求安慰，西蒙不会是你想要倾诉的首选对象。

表 2.7　大五维度：宜人性

代表：弗莱德 · 罗杰斯

宜人性得分高的人倾向于：
乐于助人、无私、有同情心、和蔼、宽容、体谅人、考虑周到、合作

宜人性得分低的人倾向于：
吹毛求疵、喜欢争吵、挑剔、严厉、冷漠、迟钝

因素：
· 信任：得分高的人认为多数人都是公正的、诚实的、善意的。
· 道德感：高分者与人相处时，认为没有必要装或者做作；他们坦诚，直率，真诚。
· 利他主义：高分者认为为他人做事是一种自我实现而不是自我牺牲。
· 合作：高分者与他人相处时，不喜欢冲突；他们愿意让步或者放弃自己的需求。
· 谦虚：高分者不喜欢宣称他们比别人好。
· 同情心：高分者好心并且富有同情心。他们间接地感受到他人的痛苦，并且极易被感动。

高分者：
你可能会在这里找到他们：
拯救小海豹。
他们可能会做：
安慰熟人。
他们可能会说：
"真的吗？他们居然从词典里找到了'易受骗'这个词？我真不知道。"

伍迪·艾伦因素——神经质

神经质是另一个贴有不幸标签的特征。大五人格当中涉及的范围比我们日常生活中经常使用的名称要宽泛得多。神经质是指那些很容易感觉到压力，而且在极度紧张的情况下不易保持镇定的人。他们担心的东西太多，总是会为还没有发生的或者已经发生的事情担心。我认为这个维度反映出的是一些人是如何很容易就被激怒的。高神经质的典型代表是经常性地生气，一担忧起来就没完没了的伍迪·艾伦（Woody Allen）[①]。神经质维度的另一端是科恩兄弟（Coen brothers）[②]在1998年的电影《大人物勒布斯基》（*The Big Lebowski*）中的"城里人"。在一篇学术论文中，匹兹堡大学的语言学家斯科特·F. 基斯林（Scott F. Kiesling）说，"城里人"的特征是冷淡。的确是，他不容易受到影响；尽管有人在他的地毯上撒尿，或者他与警察、歹徒、虚无主义者或色情文学作家发生口角，他也是不会轻易动怒的。

掌握大五维度对于了解他人和识别这些维度之间的区别是至关重要的——作为一个观察者，你最好准备好这个工具以备不时之需。

表 2.8　大五维度：神经质

代表：伍迪·艾伦
在神经质维度得分较高的人倾向于： 焦虑、易怒或易沮丧、忧虑、情绪化
在神经质维度得分较低的人倾向于： 镇静、放松、能处理压力、情绪稳定

---

① 伍迪·艾伦，1935年12月1日出生于纽约布鲁克林，美国导演、编剧、演员。

② 科恩兄弟，乔尔·科恩和伊桑·科恩兄弟是美国著名的电影导演、编剧、制片，由于其作品都是两人共同合作完成，故被称为"科恩兄弟"。

因素：
- 焦虑：高分者总是感觉到危险的事情即将发生；他们容易感到紧张、神经过敏和不安。
- 生气：高分者容易变得愤怒；他们对上当受骗很敏感，当受骗的时候他们会感觉不满和痛苦。
- 沮丧：高分者易于感到悲伤、沮丧、受打击；他们缺乏活力，不能发起活动。
- 自我意识：高分者对于他人对自己的看法很敏感；他们很容易感到尴尬和羞愧。
- 无节制：高分者很难抑制强烈的欲望和冲动；他们倾向于追求短期的愉悦和报酬，而不是长期的结果。
- 脆弱性：高分者面临压力时，感觉到痛苦和无助。

高分者：
你可能会在这里找到他们：
在一个重要会议来临前的晚上，醒着，在床上辗转反侧。
他们可能会做：
反复思考他的朋友的那句话究竟是什么意思。
他们可能会说：
“为什么你总是批判我？是的，你就是。”

但是大五研究人员从不会要求描述者讲述整个故事。想要对一个人进行深入的了解，你需要研究超出特征以外的东西，去发现个性的根源因素：目标与需求，希望和梦想，对我们在很久之前开始的个人故事的一部分的认知。我在下一章中将讨论这些个性中更多的方面。

第　三　章

个性的秘密：深挖细节

你正在公共场合读这本书吗？如果是的话，用封面做掩护，偷偷看一个陌生人。按照定义来说，你并不了解这个人。但是一些人却很了解他：他是备受爱戴的父亲、亲爱的丈夫和无私奉献的朋友。了解一个人意味着什么呢？从一个陌生人变成朋友需要经历什么呢？

我的同事杰克曾经对我来说也是个陌生人。如果你见到他，他会给你留下和善、考虑周全的印象。同时你也会觉得他很大方——当我经介绍第一次认识他的时候，他邀请我共进晚餐，想听听我最近研究的项目。我很快就发现他很健谈，也很聪明。与他共进晚餐几次之后，我对他的学术追求、他为人父的方式和他作为一个教授的切身感受有了一点了解。然而，当我继续与杰克接触之后，我开始发现尽管他在跟我描述的是不同的事件，但是这些事件看上去都很相似。后来有一天，我开始想为什么会是这样。不管他是跟我说他在学术会议上的演讲，还是和邻居的争吵，或者上周他是如何修车的，所有的叙述都是在相同的故事主线上变化：尽管胜算不高，人们也并不看好我，但我还是坚持下来，而且成功了，让每个人知道我一直都是对的。重复的主题与杰克对周围世界以及自己在这个世界中所处的位置的看法是相呼应的，并且，他自己的这种看法是他个性的重要组成部分。发现了他的这个主题之后，我感觉我更了解杰克了，我对他的理解进入了一个更深的层次。

逐步了解一个人要求我们找到从一个层次跳到另一个层次的方法，而不是在同一架飞机上泛泛地旅行。对于不同的个性层次了解得最深入的心理学家是我崇敬的一位学术界英雄，他叫丹·麦克亚当斯。他是西北大学教育与社会政策学院的一名出色的、极具创意的教授，也是《我们赖以生存的故事：个人神话与自我认知》的作者。让我很高兴的是，在近期的一次会议上，我与麦克亚当斯偶遇，因为我一直想要问他一些问题，表现出足够的礼貌之后，我马上问他："林恩是真实存在的吗？"他脸上露出理解式的微笑。显然这个问题他被问了很多次，因此，他马上就知道我在说什么。

了解个性是一个长期过程

我对麦克亚当斯敬佩已久的事情之一便是他从不回避那些使生活变复杂的深奥问题。麦克亚当斯喜欢解决这些复杂的问题，他挑战常规，并且从当代的个性研究当中得到了一些有趣的发现。他的目标是从系统科学的角度，全方位地了解人。他研究个性的“长期过程”，这意味着，他不仅喜欢了解人们现在是 怎样的，也喜欢了解人们为什么会是现在这样而不是那样，过去和现在最终怎样影响未来。

在一篇很受推崇的文章中，麦克亚当斯讨论了研究个性的心理学家最关心的核心问题：了解某个人真正意味着什么？一开始，他邀请读者想象：他和他的妻子从宴会上开车回家，没走多久，他们开始讨论宴会上的人。这些客人当中有一个人从其他人当中脱颖而出，她是一个喜欢四处旅行的自由作家。一开始，她吓到了麦克亚当斯：“我感觉我跟不上她的快节奏，她是如何做到迅速从一个异域风情故事转向另一个的呢。此外，她的确是一个非常有吸引力的人，四十来岁，一头倾泻而下的乌黑秀发，黑色的眼睛，看上去完美无瑕，着装艳丽、有品位。”这就是林恩。

夜晚慢慢到来，麦克亚当斯和妻子发现他们对林恩所说的关于她自己的生活、经历、价值观和情感产生了兴趣；他们意识到他们想更多地了解林恩。麦克亚当斯就在此时提出了他的基本问题：为了更好地了解林恩，他需要知道些什么？

这是一个强有力的问题，因为我们能够想起那些我们非常了解的人和只在表面上理解的人。但是当我们被要求说出这两类人之间确切的不同的时候，这层简单的面纱就不复存在了。除却各种事实（他收藏了大量的蝴蝶），以及详尽的历史信息（她在圭亚那上的学），我们很难说明我们对于亲密朋友的认识会比对于那些初次相识的人多。具体地说，就是我们认识的老朋友在第一次见面的时候我们是不认识的。

麦克亚当斯给出了针对这个问题的很好的答案。他认为，逐渐了解一个人，意味着亲密度在三个不同层次不断加强。当他第一次见林恩的时候，他对她的理解是通过泛泛的描述——她看上去有社交优势、外向、有趣、吸引注意力、情绪化、有点焦虑、聪明和自省。这些描述性词语都是特征，构成了了解一个人的第一步。大五维度——开放性、责任感、外向性、宜人性和神经质——就是描述人们在该层次上的特征。

麦克亚当斯体系中首先谈到的就是特征，因为它们形成了我对他人的“第一印象”。当描述我们自己和他人时，特征是我们首先提到的。它们经常出现在个人广告的开头：“和善、活泼、宽容、诚实和精神饱满”，“我很有趣、聪明、性感、开放”，以及“我诚实、愚钝，有一点没用，很顽皮但从不乏味”。

想一想你会用什么词句来描述你刚刚见到的人。很有可能你的描述会提到很多特征——描述个性语言中很容易想到的词汇，比如，好奇、友好、外向、焦虑和情绪化。一项研究表明：人们描述自己或者他人时最常用的词汇是友好、懒惰、乐于助人、随和、诚实、高兴、情绪化、自私和害羞。列表底部的词——很少使用的词——包括神经过敏、有吸引力、不情愿和两面派。（我们并不是使用这些特征词汇的专家。在我的一项关于狗的研究中，发现了与人相同的特征，当然这两者之间还是有很多不同。狗与人相似的前十名特征描述词是：友好的、爱打趣的、忠诚的、伶俐的、声音大的、可爱的、精力充沛的、保护的、深情的、有味的。）其他仅在狗身上使用的词有：有皱纹的、活泼的、温柔的、粗糙的、易激动的和固执的。

特征用语在我们的语言中很常见。曾经的一项研究就被用来证明特征用语究竟有多常见。1936 年，著名的哈佛大学个性心理学家乔丹·奥尔波特和他的运气不太好的助手亨利·奥德伯特发表了一篇专题文章，这篇专题文章很出名，不仅仅是因为它的作者的发现，而且还因为他们从事的研究。奥尔波特和奥德伯特一定是没有什么娱乐时间，因为他们给自己安排了巨大的任务：查阅韦伯词典并且记下所有可用来描述人格的词句例子。他们找到了 17953 个这样的词汇——从常见的词，如害羞、友好、镇静、安静和明智，到那些生僻的描述性词句，如怀疑的、螨状的……然而，这里边的许多词并不表示特征；它们有些是评价性词句，如无关紧要的和有价值的；或者是描述当时思想和情绪的词句，如胡言乱语的和高兴的；或者是与个性相关，用来描述身体素质的词句，如矮胖的和红发的。一次，奥尔波特和奥德伯特删掉了那些他们认为不明显或者不太像描述特征的词句，最终得到了 4500 个特征词。这项巨大的工作证明我们有丰富的词句来描述持续的行为。它还暗示特征是构成人的至关重要的一部分。

但是正如麦克亚当斯所说，特征仅仅带我们向深入了解一个人的过程这个目标靠近了一点点。特征只是使我们产生初步的认识。做重大决定时，仅有特征就足够了吗？你会基于对他或她的特征描述就准备选定伴侣了吗？麦克亚当斯打赌——你不会。他用幽默的口吻说，特征是陌生人心理学。他们画了一幅粗线条的肖像画，但是留下了许多需要修饰的细节。有很多方式可以变成外向的或者是紧张的或者是有趣的或者是有吸引力的或者是情绪化的。关于林恩的价值观和政治信仰或者她的目标和角色，特征能告诉我们什么呢？我们想要了解更多。在未来五年，她想实现什么目标呢？她有什么遗憾？她的膝盖为什么会这么脆弱？对这些问题的回答提供给我们一些我们必须要知道的细节，让我们感觉林恩已经不再是陌生人。所以，想要明白林恩表达自己外向性的独特方式(和其他特征),我们必须通过麦克亚当斯系统的第一层深入到第二层——“个体关注”。

个体关注能够提供特征所不包含的详细背景信息。它们包含角色——林恩是一位妻子、一个母亲，也是一位作家。它们包含目标——林恩想阅读更多的现代小说，想得到一个写作的奖项，想为表达观点做出更大的努力，也想去威尼斯。它们包含技能——林恩会攀岩，会讲故事，也擅长写作。它们也包含价值观——例如，寻求一种舒适或刺激的生活方式，一个和平的世界，一个充满美好、有雄心、有勇气、家家平安、宽容、有想象力、内心和谐、有智慧和爱、国家安全、拯救、自尊、社会认同、有真挚友谊、智慧的世界。

当观察者想更好地了解一个人的时候，这些细节就是他们需要深挖的。尽管，可能跟你预期的正好相反，逐渐了解一个人并不会让你与此人更接近。阅读温斯顿·丘吉尔（Winston Churchill）的自传可能会使你从麦克亚当斯谈到的个性层面洞察丘吉尔的个性，但是这并不能帮助你和这位伟大的领袖建立一种关系。但是了解他人通常会增加亲密度。这也就是为什么关于人际关系、恋爱和其他方面的研究能够帮助我们理解“逐渐认识你”这一现象。

纽约州立大学石溪分校的心理学家亚瑟·阿伦（Arthur Aron）对人们如何形成浪漫的恋爱关系感兴趣，他提出一种创造性的方式，能够使之前从未见过面的男女感到彼此亲近，他只用一个小时的时间就能创造这种通常需要数周、数月或者数年才会产生的亲密关系。他通过 36 个问题让参与者快速地从第一层次进入到麦克亚当斯系统的第二个层次。问题是一小时的“分享游戏”的一部分，每队人都要将问题大声读出来，然后他们同时回答再进入下一个问题。

下文是“分享游戏”中所设置的问题的范例。尝试在脑海中回答这些问题，考虑一下这些问题会透露你的什么信息。你将会明白，分享答案会怎样使你了解一个人，而且跟这个人更加亲近。

· 如果可以选择世界上的任何人，你会选谁作为你宴会上的客人？

· 打电话之前，你会演练你将要说的话吗？为什么？

· 对你来说，构成完美一天的因素是什么？

· 你上一次唱歌给自己听是什么时候？唱给别人听呢？

· 如果你能够活到 90 岁，并且可以在最后的 60 年里保持 30 岁的身体或者思维，你会选择哪一个？

· 你有没有预感自己会怎么死去？

· 如果你可以改变成长过程中的任何事情，你想改变什么？

· 如果明天早上醒来你可以拥有一种特质或者能力，你最想拥有什么？

· 有什么事情是你一直想做的？为什么你还没有做？

· 你最珍贵的记忆是什么？

· 如果你知道一年之内自己会突然死去，你会改变现在的生活方式吗？为什么？

· 爱和情感在你的生活中扮演着怎样的角色？

· 跟别人分享生活中的一件糗事。

· 你上一次在他人面前哭是什么时候？独自哭泣吗？

· 什么事情是很严肃不能开玩笑的？

仅仅用一个小时的时间，阿伦的观察对象们就了解到对方平时与陌生人的面对面的谈话中不会涉及的问题。一些问题关注价值观和目标，另一些消除了人们在正式场合或者肤浅的关系中建立的障碍。例如，如果我们承认自己在打电话之前会预演要说的话，我们就已经让他人观察到掩盖在公众面具之下的真实面目，我们现在就可以讨论一下其他一些非典型的大众话题了。这些话题可能很难与陌生人分享，但是阿伦说参与者中没有遇到过有负面反应的人。事实上，每个人都享受这种体验，也觉得这种体验很有意义。有一个特例，那个研究的对象是警察，对他来说，死亡的问题太尖锐（所以我们开发出新的问题）。加州大学洛杉矶分校的人际关系学研究人员理查德·斯莱彻（Richard Slatcher）使用过这个程序。他相信，人们可以处理好私人问题，因为他们会慢慢地敞开心扉，本质上给人们机会去习惯这种想法（虽然是快速的），分享他们最深层次的有时是最黑暗的秘密。

我们怎样才能知道是问题的内容拉近了人们的距离，而不是闲谈时产生的友情?

为了将此梳理清楚，阿伦还设计了闲谈式的调查问卷，包含下列问题：

·你最近一次超过一小时的步行是什么时候？描述一下你去了哪里，看见了什么。

·描述一下你上一次去动物园时的情景。

·说出你的家庭成员的姓名和年龄，包括你的爷爷奶奶，叔叔婶婶，以及他们是在哪里出生（你知道的所有信息）。

·你们其中有一个人说一个词，第二个人说一个词，包含第一个人说的单词的最后一个字母。一直做下去，直到你已经说了50个词——任何词都可以——你不用造句。

·你来自哪里？说出你住过的所有地方。

·你喜欢电子表/钟表还是带指针的表/钟？为什么？

·人们装饰的圣诞树的优点和缺点是什么？

哟！电子钟和人造圣诞树？！这一部分多么散漫啊。加州大学洛杉矶分校的斯莱彻的报告记录了使用“亲近”和“闲谈”问卷的小组表现出的巨大不同。实际上，那些亲近对话的参与者并没有想事后走到一起，但许多人都留了电话号码以便日后联系。相反，斯莱彻描述称，参加闲谈式部分的人看起来像是参加了一场无聊的委员会会议，他没有看到任何证据能够表明他们有兴趣跟彼此保持联系。

阿伦的程序在实验室中开展得很有成效。但是这些问题是否可以用来逐步了解日常生活中的人？阿伦认为可以，但是需要牢记的是：你不能跳跃得太迅速。该程序是基于长期的调查，表明建立友情的最好方式是逐渐敞开心扉，基本上通过麦克亚当斯的各层次。所以你应该先从以下相对温和的问题开始——“如果你可以选择任何人，你会邀请谁参加你的晚宴？”然后慢慢过渡到更尖锐激烈的问题，如：“如果你知道自己会在一年之内死去，你会对现在的生活方式做什么改变？”当对话变得无聊肤浅的时候，阿伦会使用自己在测试中的问题使讨论变得有趣，深化友情。

当然，即使没有阿伦的聪明问题，我们大多数人也会用自己的交谈手法来通过麦克亚当斯的第一个认识层次。但是我们怎样才能完成呢？我们怎样交流自己的思想、偏好、感情和价值观呢？我们讨论的内容将会怎样影响我们对他人的印象呢？我和合作者杰森·伦特佛罗想了解更多的谈话。我们尤其关注他们谈论的话题，因为我们可以从这些话题中了解到人们认为他们可以从哪些地方获得他人的有效信息。我们设计了一个为期六周的实验：在陌生人（都是年轻的成年人）开始了解对方时，追踪他们之间的谈话，我们没有让研究对象进行面对面的谈话，取而代之，我们安排他们在一个在线论坛中交流。这种安排就把所有的外在因素排除在外——他们的长相怎样，他们的朋友是谁——这些都会在面谈中涉及。我们也能够借此准确地监视他们说过的话。

在 2002 年的秋天，我们召集了 60 名男女来参与我们的研究。我们不给参与者任何限制，我们只告诉他们可以畅谈任何他们认为能够帮助他们了解彼此的话题。六周之后，参与者已经经过第一阶段，建立了友情。我们记录下了谈话的内容并对此进行了编码。

我们从之前的研究中了解到，我们的研究对象可能谈到他们对书籍、穿着、电影、运动、音乐和电视节目的偏好。我们做这项研究的时候正值得克萨斯大学的足球赛季，学校的学生都很喜欢足球，所以我们添加了“足球”这个话题。最终，我们确定并编码了七个话题：书籍、衣着、电影、音乐、电视节目、足球和足球之外的运动。我们用一个计算机程序来计算每个话题在交谈中出现的频率。结果非常惊人，如图 3.1 中所示，音乐是目前最常谈及的话题。

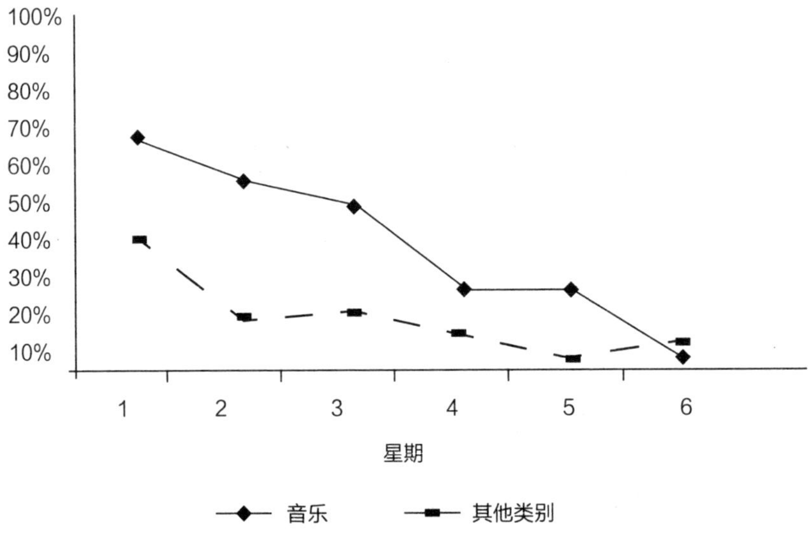

图 3.1　为期六周的线上了解对话学生中讨论音乐的人与讨论其他话题的人

在第一个星期里，58% 的参与者谈论到了音乐；谈论电影的有 41%；谈论足球的也占 41%。几个星期过去了，人们谈论的话题开始超越指定的话题，但是音乐仍然是最常见的话题，只有在第六周时音乐不是讨论得最多的话题。这证明了音乐已经被认知的信息价值。即便人们可以自由选择能够借此了解他人的任何谈话内容，但是大多数人还是选择了谈论音乐。当然，并不是所有组都选择音乐偏好作为快速交流的方式。对于那些努力想发现和定义他们真正是谁的年轻人来说，音乐的作用是显而易见的。对他们来说，音乐是极为有效的语言——它可以传达不同的讯息（我叛逆或者易怒或者传统或者痛苦或者是这些讯息的结合），没有什么外在限制决定你能喜欢什么（你太高了，不能喜欢爵士音乐），并且至关重要的一点是，你想要努力交流的对象完全能够理解这种语言。在其他时候，或者是在其他人群中，另一个话题可能会凸显出来：孩子尚且年幼的父母可能会谈论幼儿游戏和儿科医师，讨论将女儿送到哪所学校或者给儿子看什么电影的时候传达他们的价值观和身份。这个组里的成员都能很好地理解这个语言。但是即便如此，这个话题还是没有音乐喜好那么有灵活性和多样性。

那些需要小心谨慎控制的研究项目，例如我们的这项“逐渐了解你”需要来自那个混乱且不易控制但真实的世界的证据。在现代西方社会，这样的证据最容易在互联网交友网站上找到，如 e-harmony 或者 match.com。在这里，想要寻找柏拉图式的或者亲密的关系，都可以搜索用户简介找到潜在的搭配，掌握了这些信息，孤独的心灵需要决定是否进入下一个虚拟的亲密阶段。交友公司之间的竞争非常激烈，所以大家都相信用户简介里会有丰富的个人信息。当我们访问十个最受欢迎的线上交友网站的时候（当然是单纯地出于研究目的），我们就会发现，90% 的网站都会询问用户的音乐偏好。这与我们的观察研究完全吻合，我们的观察研究表明：在帮助人们逐步了解他人的时候，音乐往往能超过书籍、衣着、食品、电影、电视节目。我们将在第七章中看到我们能从不同的音乐品位中了解到什么。

身份

一旦你挖掘出麦克亚当斯的前两个层次——特征和个体关注，你就能够触碰到个性的根基——身份。麦克亚当斯把第三个层次，身份，描述成“自我的内在故事，它把重新建构的过去、已经认知的现在和预测的未来进行整合，由此创建一个统一性、有目的，并且有意义的生活”。因此，身份使我们生活中的不同元素具有了连贯性。它是一条线索，将我们的过去、现在和未来连成一个故事。如果我的同事杰克——那个常常反击针对他的言论并证实别人都是错误的人——有一些早期经历的记忆，比如被挑剔且不会给予支持的父母嘲笑，这足以推动他的故事；或许还有青春期和早期职业生涯中形成的态度。现在攻击那些不相信他的人驱动着并且指导着他的未来行为。这可能也会有好的作用，或许可以激励他通过写书，或许还可以通过与儿女子孙们建立亲密的关系来弥补自己的严厉。这些都被康涅狄格学院心理学家杰斐逊·辛格（Jefferson Singer）称为“自我定义记忆”，因为它们能够解释，作为个体的你究竟是谁。

我们的身份有许多部分，很令人惊讶的是，我们很轻易地将新片段融合进我们连贯的自我感觉中。我记得几年前我开车上班，那时刚刚决定要写这本书。我正在收听收音机里对汤姆·克兰西（Tom Clancy）[①] 的采访。他开始时是这样表述的：“我们作家……”接着他开始解释他的写作生涯中遇到的挑战和收获的快乐。我没有意识到自己在做什么，我发觉我自己在表示理解地点头，并

---

① 汤姆·克兰西，美国军事作家，当今世界最畅销的反恐惊悚小说大师。

对自己说：“是啊，我们确实会遇到那样的挑战，不是吗？”那时我甚至连一个字都没有开始写，但是我已经把“作家”这个角色融入我的身份之中了。当时的行为有点夸张，我很庆幸没有人当场见证。

随着身份的不同，身份因素会变大或者变小，我是英国人，但是我从未把它看成是我身份的中心组成部分，直到我来到美国，我的英国因素突然之间变得非常突出。我的英国口音在奥斯汀时显得比在伦敦时突出。在其他人看来（还有我自己），我变成了英国事物的大使。你如何定义自己在很大程度上是受你的环境影响的。例如，我住在英格兰时，我并不认为我自己是欧洲人，因为那主要是指跨过英吉利海峡的那片欧洲大陆。但是在这里，英国和法国间的小细流并不算什么，我已经被融合进欧洲，甚至在我自己的内心里也是这样认为的。

身份深深地植根于我们之中——虽然在那一刻也有过身为作家的错觉——但是这根本就说不清楚。很少有人能够按照要求描述他的或者她的身份。他需要充分发挥。作为研究项目的一部分，麦克亚当斯设计了一种访谈，可以清晰地得到身份的各个因素。了解关于某人的这些亲密的细节，能够使你更接近他——或许比你想接近的还要近，正如我们在亚瑟·阿伦的研究中看到的——访谈是一整套警告的开始。麦克亚当斯警告访谈者和被访谈者仔细考虑他们的关系是否可以更深入，这种互动是经常发生的。

身份包含构思故事，而不是单一事例的快照，基于这一点，麦克亚当斯的访谈一开始就让你把自己的生活分成几个章节。人们划分的方式有不同：一些是按照时间顺序划分，如小学、高中、大学，以及参加工作；一些是按照重要事件划分，如父母离异、意外事故、初吻；一些是按照主体体系划分，如工作、教育、恋爱和玩耍。访谈还将继续询问生活中最好的和最糟糕的经历，你的英雄事迹和你的转折点。

正如你所期待的，麦克亚当斯的访谈获取了很棒很丰富的个人信息。尤其是经过这样一次亲密相遇，甚至是那些认为已经很了解你的人也会获得更多关于你的信息。但是从一个研究者的角度而言，挑战在于整合信息并最终形成关于某人的连贯画面。不同于特征那样的信息，很快就能够收集到，并迅速地进行对比，这些画像的区别是很难去量化的。然而，身份是我们的核心，所以想要真正了解一个人就意味着定位他的核心。

我们大多数人都不能通过麦克亚当斯的正规方法去获得身份信息。这是令人高兴的事，观察是一条获得这些个性信息的捷径，因为我们很多的日常用品都透露着个性信息。就像我在第一章中谈到的，在人们展示的照片中有很多这样的线索。我上次去纽约的时候拜访了一个好朋友约翰，他是纽约大学的教师。他是典型的学术精英——博览群书、有教养、冷静而且超凡脱俗——他在政坛上一直很活跃。这些都是他个性方面的真实特征，我相信也是他个性的中心部分。在等待约翰打电话时，我注意到放在文件柜上装裱过的大学报纸里的一张旧照片。照片中讲述的是一次学生抗议，在队伍最前边的就是当时作为学生活跃分子的约翰。新闻故事旁边是两张海报——一张是改编自卡夫卡（Kafka）作品的演出宣传画，另一张是纪念萨尔瓦多·达利（Salvador Dali）画展的印刷品。虽然他只是喜欢这些图像的样子，但是这些图像所表达的信息却与约翰的自我认知一致，让他想起那些与他的自我看法——与一个有教养的人相一致的兴趣和有趣的事情（我后来了解到，这个印刷品还记录了他儿时与祖父去佛罗里达州圣彼得堡参观达利博物馆的回忆）。后来我有机会住在约翰在布达佩斯的公寓，那里的书架上有一张装框的照片，照片记录了约翰小时候全情投入地与父亲下象棋的情景，他父亲是一名哲学教授。这不是他踢足球的照片（他已经踢过），也不是高中时候与朋友的一次历险经历，也不是在犹他州滑雪木屋里畅饮啤酒的情景。在我看来，约翰偏偏将它放在书架上，这与他根深蒂固的知性相关，这个个性元素反映了他与父亲之间的亲密关系。

关于身份，麦克亚当斯有一个重要的观点：这是一个描述你自己的故事，它会使发生在过去的事情和你现在是什么样子的人变得有意义。从这个角度来说，故事的真假从本质而言并不重要。我认为自己有冒险精神（也就是说在开放性上得到高分值）。我恰巧也相信这是真的——与他人相比，我相对而言是比较开放的，喜欢尝试菜单上的新菜品，参加未参加过的活动，参观没去过的地方，等等。但是在麦克亚当斯看来，当我们谈论身份时，我们对自己的观点是真是假都是没什么关系的。

这也就是为什么麦克亚当斯会巧妙地运用神话的概念。当我们谈论自己的故事时——就像古代的神话一样，它们是连贯的故事，或许是真实的或许是不真实的。所以，我怎么区分开放性究竟是不是我的个性？（不管它们是不是真实的。）有一个方法可以判断：当我的开放性受到挑战的时候，我是如何反应的。如果有人指控我说我思想封闭，值得注意的是我会马上行动起来维护我的个性。"好吧，你认为我思想封闭对吗？打扰一下，服务员，我不想要焦糖烤布蕾了，给我换成少量结缕草的烤内脏冰激凌。"从我的反应中可以看出，我认为开放是我的中心特征——就像我的同事杰克想象自己被困住了，正与企图把他抓回去的想象的压迫者抗争。我对自己开放性的看法和对其他特征的看法有别。如果你指责我说话太多，或者太安静，或者太混乱，或者太整洁，对我来说都没关系，因为这些特征并没有与我对自己的看法有太大关系。

电子邮件的签名部分的引语是身份线索的一个有趣来源，从人们展示的句子就能够看出他们的身份中尤其明显的部分。下面是我在过去几年里收集的 8 个电子邮件签名部分的引语：

A.“一个人要从狭隘的个人关注上升为对整个人类的关注。”

——马丁·路德·金

B.“忽视原因的解决方案解决不了任何问题。”

C.“生活中有两个主要选择：接受已经存在的现状，或者承担改变现状的责任。”

——丹尼斯·韦特利（Denis Waitley）①

D.“你知道，世界很小，但是我不想也不必去描绘它。”

——斯蒂文·莱特（Steven Wright）②

E.“有时候我们没有权力阻止不公平，但是绝对不能不抗争。”

——埃利·威塞尔（Elie Wiesel）③

F.“基础心理学是我的子程序之一。”

——阿诺·施瓦辛格在《终结者3》中的台词

G.“未来属于那些相信美好梦想的人。”

——埃莉诺·罗斯福（Eleanor Roosevelt）④

H.“我会先玩，再告诉你那是什么。”

——迈尔斯·戴维斯⑤

---

① 丹尼斯·韦特利，美国非常受欢迎的励志演说家。

② 斯蒂文·莱特，喜剧演员。

③ 埃利·威塞尔，1986年度诺贝尔和平奖得主。

④ 埃莉诺·罗斯福，美国第32任总统富兰克林·德拉诺·罗斯福的妻子。

⑤ 迈尔斯·戴维斯，素有“黑暗王子”之称，爵士发展过程中一位重要人物。

看看你是否能将这些引语与引用者对号入座：

1. 一名警察

2. 一个对人类行为的进化论解释感兴趣的研究生

3. 一个电脑技术痴迷者

4. 西班牙研究中心主任

5. 研究具有巨大想象力的动物行为的教授

6. 一个希望加入我们博士项目的大学生

7. 一个心理学教授

8. 在一个组织中地位低的一个人经过踌躇决定冒一次险，他或者她给整个组织的人发了一封电子邮件，详细描述了一位督导人员的性骚扰行为。

所以，将电子邮件的签名引语与发送电子邮件的人配对，你做得怎样？答案见表3.1：

表3.1　签名引语和配对使用者

引语	发电子邮件的人
A.“一个人要从狭隘的个人关注上升为对整个人类的关注。”——马丁·路德·金	4. 西班牙研究中心主任
B.“忽视原因的解决方案解决不了任何问题。”	2. 一个对人类行为的进化论解释感兴趣的研究生
C.“生活中有两个主要选择：接受已经存在的现状，或者承担改变现状的责任。”——丹尼斯·韦特利	1. 一名警察

D.“你知道，世界很小，但是我不想也不必去描绘它。” ——斯蒂文·莱特	3. 一个电脑技术痴迷者
E.“有时候我们没有权利阻止不公平，但是绝对不能不抗争。” ——埃利·威塞尔	8. 在一个组织中地位低的一个人经过踌躇决定冒一次险，他或者她给整个组织的人发了一封电子邮件，详细描述了一位督导人员的性骚扰行为。
F.“基础心理学是我的子程序之一。” ——阿诺·施瓦辛格在《终结者3》中的台词	7. 一个心理学教授
G.“未来属于那些相信美好梦想的人。” ——埃莉诺·罗斯福	6. 一个希望加入我们博士项目的大学生
H.“我会先玩，再告诉你那是什么。” ——迈尔斯·戴维斯	5. 研究具有巨大想象力的动物行为的教授

即使你只答对了几个问题（答对不止一题是碰运气），思考这个问题本身已经不是一项令人深刻的举动：将电子邮件结尾处的一些词语与你几分钟前刚刚听说的人的简单描述对号入座，每一个引语都恶意搭配上一个邮件发送者。对一些引语来说，这种联系比其他引语更明显：心理学教授选择心理学作为他的子程序之一这并不奇怪；一个关注少数民族事务的中心主任选择马丁·路德·金的名言也并不奇怪。但是“忽视原因的解决方案解决不了任何问题”这个引语的使用者可以是这个列表中的许多人，也许最有可能的是那个研究动物行为的教授。然而，即使我们不知道那个人为什么会选择那个引语，我们仍然可以了解到使用者的一些信息。通过这样做，我们收集到另外一个个性困惑。我们可能不知道那位研究动物行为的教授选择“我会先玩，再告诉你那是什么”这个引语的原因，但是只要知道他们有联系就可以联系到他的生活方式和科学方法——奇异、有趣涵盖了未知。

你的电子邮件签名引语可能会随着时间的推移发生变化，特别是当你经历巨大转变时，如离开家去上大学，找到第一份工作，为人父母，或者离异。我接受一个大学生做我的博士生与我一起工作时，我发现一个有趣的电子邮件例子。下面是她在一所小型的人文科学院时，使用的电子邮件签名引语：

从来不怀疑一小部分有思想效忠的公民可以改变世界，事实上，这是延续至今的事实。

——玛格丽特·米德（Margaret Mead）①

就在几天之后，也就是她加入我们的项目，很快就可以开始一个科学家的职业生涯之后，她的引语改成：

一切都应该尽可能地简化，但不是更简单。

——阿尔伯特·爱因斯坦（Albert Einstein）

几年之后，当我把这些引语给她看时，她确认说那是缘于自己身份的转变。第一个反映了她作为一个大学生中的理想主义活动家的自我印象。随后，虽然她还是相信这个引语传达的意思，但是这已经不是她身份的中心了。在做好科学研究的挑战下，这已经不再是最重要的了。

其他的一些电子邮件签名则说明了持续性。看一下下列三个签名引语，这都是我从未见过面的学生在一年之内给我的电子邮件中使用的签名引语：

① 玛格丽特·米德，著名学者、人类学家。

一切伟大都是难以实现的，也是罕见的。

——斯宾诺莎的《伦理学》

那些孜孜不倦地进行着每个研究并且有所收获的人，那些学无止境的人，我们应该成为智慧的爱人，哲学家，不是吗?

——柏拉图《理想国》

创造力不仅仅是青年和孩提时代的天真反应，它还应该融入成年人的热情之中，这是可以超越一切死亡的激情。

——罗落·梅[①]

每一个引语都传达出关于一种高贵的近似傲慢甚至自命不凡的信息，同时也寻求一种能通往伟大、智慧或创造力的旅程。看上去这个学生有一种内化的个性——视自己为高贵传统的一部分。如果我的任务是给他买一样礼物，我会径直走向常去的书店，给他买一本第一版的威廉·詹姆斯（William James）[②]1890 年的经典之作《心理学原理》（*The Principles of Psychology*）。

个性困惑

我不是唯一一个对麦克亚当斯描述的林恩感到好奇的人——应我的研究生们的要求，我在会议上向麦克亚当斯询问了林恩是不是真实存在的。他的答案既是肯定的又是否定的。事实上，林恩是几个真实人物的结合体。我不

① 罗洛·梅，被称作“美国存在心理学之父”。
② 威廉·詹姆斯，美国心理学之父。

得不承认，当知道麦克亚当斯描述得如此栩栩如生的一个人其实并不是真实存在的时候，我觉得很失望——但是我肯定没有据麦克亚当斯所说的已经爱上林恩的那个人失望。

但是麦克亚当斯的贡献不仅是巧妙地描绘肖像。从他的作品中了解到的至关重要的内容是认识某个人不仅仅是更多地了解这个人这件事，这个“更多”应该是一种不同的信息。你需要超越特征，如这个人是多么和蔼，有多么健谈；你必须理解这个人的目标和价值观：他想要在职业生涯中实现什么，他作为父母的感觉怎样，他是否相信更高的权力，他在生活中是否渴望刺激，或者家庭安全，是否追求事业成功。想要真正了解一个人，你必须要更深入，直至了解到那个人的身份，我们会看到这个概念对观察者而言是很关键的，也就是我在卧室、办公室、网站上和对音乐集做的事情。

第　四　章

物品摆放所反映的人物心理

1942 年 5 月，美国加入第二次世界大战后的第六个月，新成立的战略服务办公室开展了一个项目，挑选适合深入敌营内部的候选人——其实他们就是在寻找间谍。匆忙招募的工作人员开发出一个测试，这种测试能够将好间谍和不合格间谍区分开来。一项任务，即“所有物测试”要求候选人仅仅凭借人们留在卧室里的物品获取信息来描述这些人，这些物品包括衣服、时间表和票务收据。这项测试潜在的假设和驱动我们这项研究的假设是一致的——从人们的居住空间可以获取很多关于此人的信息。

不久前的一个夏天，我有几周的时间是在纽约和一位研究合作者一起工作的，我思考着这个战略服务办公室的间谍测试。他的一个商学院同事（他在那里教书）——我称她为斯蒂芬妮——非常和善地允许我将她的办公室作为研究的对象。我一打开门，就看到悬挂在天花板上的一只大型的木质海鸥，很难忽略它，因为它就在这个办公室的中央靠近她的办公桌的地方，距离地面只有 6 英尺的距离。我到后不久，人们开始过来问候我。当他们知道我正在做的这项研究时，他们便用挂在我们之间的海鸥来考我。他们问我这个海鸥是否有特殊的意义；关于斯蒂芬妮的个性，这只海鸥又能说明什么。

对于这些问题，我并不感到奇怪——我总是会被问到这样的问题。当我进入某个人的办公室或者家中的时候，房间主人会指着一件物品并且抱有极大期望地问我它的含义是什么。每每这时，我希望我有一本解密本。对于斯蒂芬妮的挂件，我就可以在这个解密本中解释这只被暂时搁置的海鸟那一部分查找到，然后在讲述海鸥的段落中找到答案。当然，这样的解密本是压根儿就不存在的。观察之所以如此迷人就是因为线索和个性之间的关系是不完整的。它不像超市柜台上看到的那些解梦宝典，告诉你蓝色的兔子意味着什么，一个杂耍的熊意味着什么，通过观察现实世界是很难得出这样的结论的——因此这就变得更为有趣。

想想我自己的办公室。如果去年秋天你去过我的办公室，而且你是一个很机敏的观察者，你就会发现书桌上，刚好靠近电脑的地方有一张刻有宗教音乐的光盘。你也会看见一棵完美的盆栽植物——土壤的湿度刚刚好，没有任何枯枝落叶，盆栽底部甚至连一点棕色的泥印都没有。如果你看向窗台，你会看到一盒挂网钢丝绳，它能将电脑连接到办公桌上。一个连接笔记本电脑的装置，在你移动笔记本电脑的时候，它会发出刺耳的声音。

那张光盘是否就暗示着我是一个有宗教信仰的人？它可以有这样的暗示，但是我没有宗教信仰。那棵充满生机的盆栽是否就说明我一丝不苟？我希望不是，因为我也不会。我不是像电脑安全装置暗示的那样是一个忧心忡忡的人。那张光盘刚到我的办公室仅仅一天——光盘的主人借给我上课做示范，她随后就来拿走；三周以后（实际上是三个月以后），这棵漂亮的植物由于我的疏于照料枯萎了；我得到电脑报警器的当天就把它转手送给别人了，因为我知道我绝不会考虑用它。

所以尽管宗教光盘、健康的植物和电脑报警器可能暗示我是有宗教信仰的，或者是一丝不苟的，或者是焦虑的，但是它们也可能是跟我的个性不相关的。那是因为这些物件在我的办公室是有原因的，它们与我的个性没有关系。这就是为何解密本对于房间观察专家没有多少用途的原因。相反，观察者需要的是一种可以适用于许多环境的灵活策略。关于这种策略，我们在比利时找到了灵感。

比利时方法

我和同事进行研究时——从办公室、卧室到网站和音乐集——我们逐渐认识到描绘被观察者肖像的方法与阿加莎·克里斯蒂（Agatha Christie）[①]笔下具有传奇色彩的比利时侦探赫尔克里·波洛（Hercule Poirot）根据不同的线索和环境证据立案的方法是相同的。我把这种方法叫作“比利时方法”（Belgian Solution）。想成为一名成功的观察者，掌握这种方法是第一步。

在各个领域寻找一致事例的方法，可以让你把不明来源的线索和已知来源的线索联系起来。如果你不确定某条线索的主人是谁，就应该寻找其他你可以肯定的属于被观察者的线索。电子邮件的“签名引语”——我在上一章中谈到的那简洁有力的一行字就是能确定来源的线索。正如我们所能看到的，写邮件的人是选择托马斯·霍布斯（Thomas Hobbes）还是选择卡尔文（Calvin）的名言警句都能告诉你大量关于那个人的信息。

当我分析斯蒂芬妮和她的海鸥时，我就想到了比利时方法。我假设她就是那个海鸥挂件的主人，但是当你观察时你绝不会确定，你需要弄清楚的是自己试图解释的物品是不是属于被观察者。当你的好朋友给你介绍的男孩开车约你时，你能立即从他的车子开始推测。你注意到车门上有凹凸的印记（他是不是个鲁莽的人呢），后座上的舞蹈光盘（他是很有活力吗），汽车保险杠上带政治色彩的贴纸（他很激进吗）。但是你认为这些线索都属于你的约会对象吗？或许他买车的时候车门上就有凹凸印记和保险杠贴纸。如果是这样的话，你可能从这上面还是得不到太多信息（即使保险杠贴纸传达的信息与车主的态度完全相反，他还需要很麻烦地将它去除掉）。我们观察同居的房间时也会遇到同样的挑战。一对夫妇卧室中的装饰品应该是谁的？是一个人的，是长时间待在家中的那个人的，还是属于两个人的？

---

① 阿加莎·克里斯蒂，英国女侦探小说家、剧作家，三大推理文学宗师之一。

波洛也需要很谨慎，以使自己不要被这些特征所误导。假设我发现斯蒂芬妮的办公室是在生产海鸥挂件的大楼里，或者这是一个“办公室海鸥”周，又或许我注意到所有的办公室都有海鸥。如果任何一种情况属实，办公室里的那只海鸥能透露的信息就比我第一次认为的要少很多。在参观我的图书编辑的办公室时，我看见她的灯上挂着一只小鸡，而且出版公司中每个人的工作区都有这样一只小鸡（它们是这家公司宣传出版时的赠品）。同样，波洛会排除他那个反应迟钝的同伴阿瑟·黑斯廷斯上尉提出的一个会误导人的线索：“不，黑斯廷斯上尉，教士克拉多克汽车后备厢里的那把剑一开始并没有让人感到可疑。因为他是一个特殊的公民协会成员，那儿的成员都会按照惯例在后备厢中放把剑。”

我没太遇到过关于后备厢中放把剑的问题，但是别人会常常问我根据他或者她的冰箱能了解到什么。我的答案是：“95% 的时候了解到的不多，当然你可根据它的整洁和有序程度了解到一些东西：如果干净无瑕，你可能会推断这个人有点神经质，过度担心不干净的东西会传播给他可怕的细菌，但是这种干净的状态可能是因为主人正在外出度假，而且在走之前就已经将冰箱收拾干净；或者是，他工作特别忙，他从来不在家吃饭。有意思的是，人们家中的冰箱的区别并不是特别大——他们通常会把相同的物品按照相同的方式规整。但有时候我也会遇到吓人的例子：主人奇怪的收藏——冰箱中只有六盒石榴汁，或者物品是按照字母顺序来储放的，又或者冰箱里全是鸟食或者其他你想象不到的东西。”

冰箱属于会透漏给别人自己个性的一类物品，但仅限于极端的情况。电子邮件的用户名也是如此。我们大多数人选择的用户名或者是指定的名字都不是想象出来的，并不能传达太多的信息，只有一小部分会是通向个性的窗口。饮食习惯也是只有在极端的情况下才会泄露信息。然而，在其他领域，如卧室，通常会告诉你一些信息，因为即使自己的卧室并没有与众不同，同样也能说明这个人是一个怎样的人。

波洛的程序非常灵活，因此对观察者而言非常有用。它不仅对物理线索有用，而且适用于行为。如果应聘者跟你握手时坚定有力，你不应该仅根据这一个线索就立即下结论认为他比前一位握手时不坚定的应聘者更加开放，更加有创造性（我会在第五章中详细描述握手）。你需要在心里记住，坚定的握手更有可能说明他是开放的，有创造性的。所以当你把他领进办公室开始面试时，可能会更关注他的衣着或者询问他喜欢什么类型的音乐。一身司空见惯的盖普[①]套服，谈论着他大量收藏的葛斯·布鲁克斯（Garth Brooks）[②]的专辑，可能会立即削弱你对他在一开始时握手而得到的他具有开放性的印象。

海鸥是我的

我知道我可以用比利时方法来说明斯蒂芬妮的海鸥的重要性。仅仅海鸥本身并不能告诉我什么确切的信息，但是这并不代表它什么都不会告诉我，我只需要系统地、小心地从它上面获取信息。根据我的观察经验，物品的来源只是一个敏感的切入点。是谁做了什么事情（或者没做什么事情），从而使那只海鸥以现在的这种状态悬挂在办公室的这个地方，呈现现在的状态？调查者必须注意是什么产生了这种“痕迹”（一只海鸥出现），留下这种痕迹的人这样做的用意是什么；是什么导致他留下了痕迹。如果我可以从这方面推断出什么信

① 盖普，美国最大的服装公司之一。
② 葛斯·布鲁克斯，格莱美著名乡村男歌手。

息，那么这就是我发现其主人某些个性的大好机会。是之前的房客留下的海鸥吗？它一直挂在那儿是因为斯蒂芬妮没有注意到吗？不是，这间办公室异常地有序、整洁、干净，没有被忽视的迹象，一切都表明没有什么海鸟是被遗落的。

另外一个可能是：海鸥只是一个礼物。如果是这样，这份礼物是不是显示出斯蒂芬尼对海鸟的兴趣？我没有找到支持这一说法的证据，没有任何证据表明斯蒂芬妮对鸟类学或者动物行为感兴趣。或许海鸥（Seagull）代表斯蒂芬妮的名字——是不是西古尔（Seagull）、西格尔（Segal / Seigel）？或者是海燕类、塘鹅或者信天翁？就像我的名字高斯林（Gosling），我就会有这种可能，因为人们总是送给我与鹅（goose）、小鹅、雄鹅有关的礼物。但是她不可能，我知道她的姓，跟海鸥没有什么关系。又或许这个礼物是在非常匆忙的情况下，某人慌忙地冲进商店随手拿起离自己最近的礼物。最后一种情况有可能，但也不太像。因为仔细看看那个牢固的螺丝钉（它把海鸥钉在天花板上）就可以知道，斯蒂芬妮（或她的助手）是很努力地把它钉上去的。随意选择的物件不太可能引起感情触动，让人如此努力去把它挂上去。

因此，不管海鸥挂件是怎样得到的，它在房间的突出位置已经告诉我它对主人有一个非常重要的心理作用。它可能反映了一段美好的回忆——她生活中的一段时期或是对她有意义的某个场合或事件。与此同时，她选择这样一个纪念品还有更多的意义。她选择了一件优雅的挂件，海鸥的缓慢移动也是平稳的。她没有选择贝壳粘成的鸟，也没有选择有一对振翅有力的翅膀并不断摆动的办公室装饰品，或者描述海鸟翱翔的海报。将海鸥、书架上舒缓的光盘和没有高度刺激性的装饰物这几点联系起来，我猜想这海鸥大概可以帮助斯蒂芬妮调整情绪；它可以让斯蒂芬妮在艰辛且高要求的工作环境中保持镇定和专注。当然，她不会用这些词汇来表述海鸥的作用。她可能会说，海鸥让她感觉很好，甚至是更简单，“仅仅是喜欢而已”。

几周之后，我遇到斯蒂芬妮，她告诉我说挂件是她去斯德哥尔摩参加会议时买的（我知道海鸥是瑞典的象征），它能使她想起在那个城市的欢乐时光。当我问到为什么她会把海鸥挂在桌子旁边时，她神秘地说，把它放在那里是为了防止高个子的人离她太近（我本来想弄清楚这件事）。几年来，她已经很依恋这只如同朋友般的鸟了。她打算换工作了，会带那只鸟一起走，对此我一点也不觉得吃惊。

所以，通过这只海鸥我了解到一点信息，但是这些信息不足以描绘一张完整的斯蒂芬妮肖像。要记住，尽管需要知道关于某人人格的每一条单独的信息，但用这种高标准来衡量观察的成败是不合理的——毕竟，我们可能在与对方变成朋友多年以后还是不能理解这些细节。通常我们都只能了解到一些有用的信息——一种大概的趋势或者一个尤其重要的领域。做决定时，了解某人是共和党还是民主党可能是至关重要的。例如，你尽可以把那个人看成是你未来的潜在伴侣，即使你并不知道他在移民政策或者房地产税收方面所持的准确立场。

还需要记住的是，当你只有类似于一只海鸥或者一台冰箱或者一间卧室或者 iPod 前二十五首歌单这样的信息时，试图得出对某人的印象是不现实的。关于一个人，尤其是你正在观察此人的房间或者办公室或者音乐集时，如果你知之甚少，这显然是不够的，你还要寻找能带你找到更多信息的线索。一旦你知道去哪里找，你就可以用更寻常的方式去寻找了。对斯蒂芬妮挂海鸥的位置的观察使我听到了关于高个子的人不能靠近的有趣陈述。如果没有海鸥的指引，我将永远不会发现这个问题。

线索

我认识新朋友丽莎后不久，她知道我所做的研究之后就邀请我去她住处喝咖啡、吃饼干，当然还有观察。她磨咖啡豆时，我去了卫生间，途中很快环视了一下卧室。我注意到她床边那个整洁的小书架上有许多作家的作品，如杰罗姆·大卫·塞林格（J. D. Salinger）、乔·卡巴金（Jon Kabat-Zinn）、查克·克洛斯特曼（Chuck Klosterman）、西蒙·维森塔尔（Simon Wiesenthal）以及其他一些作品风格类似的作家——这些都表现出她是一个思想广博、有想法的人。但是只有一本书被放在一个特别的位置：欧内斯特·海明威（Ernest Hemingway）[①]的《流动的盛宴》，描述了20世纪20年代在巴黎的过往岁月，这本书被单独放在一个小平台上，就像放在书架上面的一个小神龛。就像斯蒂芬妮的海鸥一样，它不是遗留在那里的，而是被故意放在那里的。

我不知道海明威的这本薄书对丽莎来说意味着什么，但是从它被摆放的位置可以看出它对于丽莎来说很重要。所以我决定随着这条线索直接问丽莎。原来这本书是她前男友推荐给她的。丽莎阅读了这本书，并喜欢上了它。当她得知海明威在写这本书的时候正处在法国还未出名时，认为这本书尤其感人。她补充道，她被海明威的才气和仍未被认可的作家和艺术家们给迷住了，包括弗朗西斯·斯科特·菲茨杰拉德（F. Scott Fitzgerald）[②]、格特鲁德·斯坦因（Gertrude Stein）[③]以及埃兹拉·庞德（Ezra Pound）[④]，他们很快会像海明威一样闻名世界。

---

① 欧内斯特·海明威，美国作家、记者，被认为是20世纪最著名的小说家之一。
② 弗朗西斯·斯科特·菲茨杰拉德，20世纪美国作家、编剧。
③ 格特鲁德·斯坦因，犹太人，美国小说家、诗人、剧作家、理论家和收藏家。
④ 埃兹拉·庞德，美国诗人和文学评论家。

丽莎的这些解释能告诉我们什么呢？从她书架上的书和音乐相关的装饰，包括鲍勃·迪伦（Bob Dylan）[①]在雷伊剧院及琼妮·米切尔（Joni Mitchell）[②]与范·莫里森（Van Morrison）[③]在保利体育馆举办的洛杉矶音乐会的宣传海报，我已经知道比起科学家、探险者、运动员或工业巨头的工作，她更喜欢艺术、文学和音乐。但是她对《流动的盛宴》的感想却传达出她更多的信息。同样，她可能也不会用这样的词汇，但是我认为她受到了鼓舞和启发，意识到卓越的成就即使在早期得不到认可，但是最终，有时会是人死之后，会受到称赞得到奖赏。后来我和丽莎用电子邮件通信时，我的解读进一步得到证实。她在电子邮件的末尾签名处引用了爱因斯坦的一句名言："伟大的精神总是受到平庸人的强烈反抗。当人们不再轻率地相信世俗的偏见，而是诚实勇敢地使用他们的智慧时，后者是不能理解的。"这个引语与对海明威的敬佩之情是呼应的。我们能看到比利时方法起作用了——电子邮件对爱因斯坦的名言的引用证实了关于海明威的猜测。如果我对丽莎的中心个性还有什么疑惑的话，我看到她空间里使用的名称之后一切都解除了——她的空间名称不仅仅是"丽莎"，而是"丽莎是一个很重要的人"，这呼应主题了吧？

意识到丽莎是如何强烈地呼应着主题，使我想知道丽莎的才艺和梦想。她似乎很在意自己对世界创造的价值，知道传统意义上的当前失败并不能意味着以后不会取得非凡的成就，也并不代表那些成就永远得不到广泛的认可，这让她感到欣慰。这本书同时也是关于前男友的一段有意义的回忆——这是一段特

① 鲍勃·迪伦，原名罗伯特·艾伦·齐默曼，美国摇滚、民谣艺术家。

② 琼妮·米切尔，加拿大有着重要影响力的传奇音乐家、画家、诗人、视觉艺术家和社会观察者。

③ 范·莫里森，作词家、作曲家。

殊的关系，他一定很了解她，所以才会推荐这本触动她内心的书。

简单地查看海明威这本神圣的作品是帮助我了解丽莎的一个捷径。这促使我向她提出一个我可能不会提问的问题。这进一步指出观察工作的另一个关键：除了做一名侦探，你还必须是一个心理学家。当你探索和调查个性表面之下的信息时，它会让你成为最敏锐的观察者。

超越直觉

好的侦探工作为观察打下了坚实的基础，但是它能做的也就这么多了。因为你能找到的那些适当的联系中只有一些是正确的。想象一下，你正在拜访一位朋友，他离开了一会儿，而此时你碰巧就坐在他的书桌前。他离开之后，你很随意地四处张望，你注意到电脑是开着的，你并不是真的想观察，只是禁不住会看显示屏。于是你看到了他和女朋友最近的网上聊天记录，你看到他给女友发的消息和女友的回复。你想知道他们相处得怎么样，所以你不自觉地把网上的交流结合成一条信息。

你会寻找什么？在此情境下，大多数人会关注感情线索。加州大学洛杉矶分校的理查德·斯莱彻和华盛顿大学的西麦尔·瓦泽尔所做的研究表明：查看恋人网络聊天记录的观察者会根据表达正面情感的词语（如爱和高兴）和反映负面情感的词语（如盛怒和愤怒）来推断他们感情的稳定程度。你也会这么做吗？如果你这么做了，那么你将一半对一半错。研究结果表明：表达正面情感的词汇真的能预测长期关系的稳定性（至少根据年轻人的标准是这样的）。经常提到幸福和高兴的年轻人的感情关系可能会比少使用这些词汇的人长六个月。但是这项研究最有趣的发现是：使用这类词语的频率更能准确地预测感情能维系的时间，而不是情侣在这段关系里有多快乐。

那些信息里充满消极或愤怒词汇的情侣们又是怎样的呢？与许多人的猜测不同，许多使用愤怒相关词句的情侣并没有比不怎么使用这类词句的情侣更长久或更不长久。这项研究强调超越直觉是很重要的。当然我们的直觉通常都是正确的——正面词语确实如人们所预料的能预测关系的长久。但是正如通过研究负面词汇得出的判断一样，人们的直觉也经常会出错。至关重要的一点是，如果没有这项研究，我们永远都不会知道直觉究竟是正确的还是错误的。在下一章中，我们将开始了解研究者们在更广泛的研究领域都发现了什么。

第　五　章

肢体动作泄露更深层次的自我

如果你是20世纪60年代的人，客厅里有一个咖啡桌，上面很可能就有一本菲利普·哈尔斯曼（Philippe Halsman）[①]的《跳跃》（*Jump Book*）。书里云集了当时的社会名流、演艺界人士、政治人物、法官、行业巨头以及科学家们，每一个人都有一个跳跃的动作。李伯拉斯（Liberace）[②]跳起来像一个小天使，玛丽莲·梦露（Marilyn Monroe）的跳跃带有孩童般的顽皮，斯坦利·海曼（Stanley Hyman）[③]教授的跳跃则表现出一种爆发性的欢乐。正像摄影家哈尔斯曼所说的，因为每一个人的跳跃方式都显示了他们的个性，所以这本书会非常有趣味。的确是，有一些名人因为担忧会泄露太多信息，所以不太愿意展示跳跃的动作。

而《跳跃》一书的核心就是几乎我们所做的一切事情都会暴露我们的个性这样一个观点（引人入胜地把跳跃作为解放个性的切入点，从而创造了跳跃学）。

会暴露人的个性的不仅仅有跳跃。我的一个朋友相信，人的笑的方式亦会显示我们的个性。你会笑多长时间？你会笑多大声音？会有什么防备吗？你是一个会轻声笑的谨慎之人还是一个会开怀放声大笑的人？这个理论还没有经过测试，但是我敢打赌它一定能反映出一些信息。尽情大笑的人在外向性方面能获得高分值，这件事情并不会让人觉得奇怪。真正让人觉得奇怪的是，科学家们最近才开始探索研究方法，才开始研究会泄露个性的各种情况。我的卧室观察研究也是属于这样的研究范畴，但是正如你所看到的，我们还会进行更多研究。

---

① 菲利普·哈尔斯曼，美国摄影大师。

② 李伯拉斯，美国著名的艺人和钢琴家。

③ 斯坦利·海曼，英国协会管理专家。

透漏和泄露

我所说的透漏或者泄露是指我们在不知情的情况下，行为里已经涵盖了的各种个性特征。当他人告诉我们要我们跳跃的时候，我们之中很少有人会研究一下我们要怎样进行跳跃这一动作。我们甚至可能不会去思考是否会有不同的跳跃方式——跳一下就是单纯的跳一下，对吗？我们只会很自然地跳起来。但是这一跳就已经在不经意间泄露了许多关于我们个性的线索。一个可以控制的跳跃——头部僵硬，双臂紧贴在身边，可能会透露出你的谨慎。冲着天空大喊和蹦跳，你可能会用这种方式宣泄自己的情绪。又或者不按照常规的跳跃表现出你的创造力（回想起那张著名的萨尔瓦多·达利的跳跃照片：从空中飞过的一只猫和一桶水与他一起构成一幅完整的画面）。

最常见的一种泄露信息的方式是著名的罗夏墨迹测验[①]。在测验中，受测人被要求对图形的意思进行自由联想，然后通过这一过程来了解受测人的人格特征。研究人员付出了巨大的努力来开发能够解读这种回应的解码系统，但是一些特例除外，大多数研究人员目前都认为墨迹测验对于诊断精神疾病、评估个性特征、预测行为或者发现早期创伤方面几乎没有什么价值。

图片故事练习是研究人员强烈推荐的另一种投影测试，这个测试已经应用于研究五十多年了。该测试要求参与者根据一系列图片编一个故事。心理学家根据此人编造的故事——故事中人物的愿望、想法和感情特点——来诠释其中泄露的人格信号。图片故事练习被用于评估驱动我们行为的动机、需求以及人格方面的其他方面，但是都是“深藏不露”，我们不能单纯地通过自省来评估

① 罗夏墨迹测验因利用墨渍图版而又被称为墨渍图测验，是非常著名的人格测验，也是少有的投射型人格测试。

它们。

在一系列有趣的研究中，奥利弗·舒尔特海斯（Oliver Schultheiss）在和他的德国弗里德里希－亚历山大大学的合作者用图片故事练习来衡量人们对权力（对他人产生影响）、成就（符合优秀的标准）以及友好关系（建立、维护或重建亲密友好关系）的渴望。他表示，美国的学生在追求成就方面的得分比德国学生高，但是在权力需求方面却没有德国学生高；他们在渴望友好关系方面并没有什么区别。以往的研究将其与追求创新和经济增长方面的成就相关联，所以研究人员表示个体水平上如此明显的差异可能缘于两国之间经济上的差异。

舒尔特海斯的研究同时也表明：极度渴望权力的人——此种对权力的渴望是基于故事来衡量的——不善于面对自己在竞争游戏中的失败。他们的皮质醇——一种与压力相关的荷尔蒙——较高。但是不是特别向往权力的人实际上更容易因为获胜而感觉到压力。所以，人们在这种投影测试中编的有趣的故事能够阐述人们对其居住环境的一种基本的看法。

我们也可以从各种形式的书写中找到动机。2001 年春天，9 月 11 日之前不到六个月的时间，密歇根大学的大卫·温特（David Winter）发表了一篇文章，分析了乔治·沃克·布什（George W. Bush）的就职演说中表现出来的对权力、成就和友好关系的追求。他使用的体系和舒尔特海斯所采用的一样。文章结果表明：与前任总统相比，布什在友好关系和权力需求方面得分比较高，而在成就方面的动机稍低于平均水平。仅凭这些分数，温特惊人地就后来布什的执政情况做出了一些非常有先见性的预测。

他预测，布什在政坛上可能比一些人所期待的还要有影响力，并且他会喜欢上当总统。然而，温特提醒说，在做决策时，布什可能会依靠小部分与他有相同政见和经历的亲密朋友和顾问。这些决策可能会使那些持有不同观点、有不同经历的人受到排挤。温特还进一步预测说，顾问和朋友的过度影响会引起丑闻，使布什易于受到这方面的影响。温特还表示在外交事务方面，布什可能会采取“激进政策”（例如伊拉克战争）。而他的决策将取决于外交事务顾问受哪个派系——鹰派或者鸽派——的影响最大。这些预测非常引人注目，因为它们不仅仅是根据一次演讲得出，而且是在“9·11”事件和随后的阿富汗和伊拉克战争之前好几个月就得出来的。

肢体语言解读

哈尔斯曼的名人跳跃与图片故事练习这种投影测试之间有什么联系呢？它们背后的原理是相同的，也就是说，给某人一个会起广泛反应的任务——不管是跳起来像一个小天使，还是为图片中的两个人编一个具有创造性的故事，或者是制定外交政策目标——这些反应为我们了解他人到底是什么样的人提供了线索。虽然没有为解释跳跃研发体系机制，但是一些科学家却在从事一项相同的研究。奥地利维也纳人类学研究所的鲁德维格－波特斯曼城市道德研究院的动物行为学家卡尔·格莱莫就是其中一位。

与观察者一样，动物行为学家在动物的栖息地研究它们的行为。通常你会看见他们站在结冰的池塘边上观察棘鱼发出求偶信号，或者看到他们悬挂在亚马孙河流域的树冠上试图了解青蛙是如何觅食。所以你从不会期望在夜总会的闪光灯下，遇到正站在重低音音响旁的动物行为学家。然而，格莱莫却对灵长类动物（在这里指的是人类）是如何理解人们表达自己的信号很感兴趣。所以对他们的研究而言，夜总会是一个敏感的区域。通过研究人们是如何表达自我，格莱莫实际上正在做的就是许多人格心理学家在从事的研究。只是格莱莫的依据是进化论的观点。这意味着他试图通过分析压力——已经影响我们祖先上千年——如求偶需求和迅速发现一个危险的敌人，来了解我们的特征和偏好。

欺骗是像格莱莫这样的动物行为学家感兴趣的话题。和人类一样，大多数的物种都会在人力（当然并不总是人力）可以做到的范围内尽可能地让自己更具吸引力，以赢得异性芳心。善于追求好的相貌（气味、声音、品位或者性情）的生物更容易将这些特征遗传给下一代。从这种程度上来说，想要提高自身吸引力的动机也会遗传给下一代。

当我们努力想吸引别人注意的时候，同时还希望能真正地看透他人究竟是什么样的人。最理想的情况是：我们希望找到的另一半能让我们的基因在后代中延续下去。因此，我们为自己的好基因寻找身体素质好（健康并且有活力）的对象或者行为素质好的对象（好父母）。当然，大多数的组合都不是有意而为。事实上，我们并不会去寻找某个能够放大我们遗传前景的对象，我们只是寻找那些有吸引力的人。所以这种求偶游戏中存在一种进化偏好的矛盾。一方面，我们正努力让自己看上去有吸引力，并以此来吸引他人，不管我们释放的信号是否是诚实的；另一方面，我们也希望能够准确理解他人，希望识破那些他们用来迷惑我们的欺骗策略。而科学家们（或观察者）的第二项任务就是去寻找不易伪造的线索。

格莱莫认为，肢体动作就是这样一条线索。正是这一观点使他开始研究人们身体晃动时会泄露什么信息。跟哈尔斯曼一样，格莱莫认为肢体动作会泄露更深层次的自我。而且他也是基于这一假设来进行研究的。他的研究——多数是在夜总会进行的——表明：我们的臀部有时候会比唇部更能透露信息。在一项研究中，格莱莫通过观察女性衣着的松紧度和肌肤的暴露程度来了解她们所处的生理周期（根据唾液样本中的雌性激素的含量来确定）。通过让女性志愿者在镜头前转一圈，他便得知动作的暴露程度（根据连贯的图像之间出现的变化来确定）也与雌性激素的水平相关。即使是简单地转一圈，女性也可能会释放出透露她们生育能力的信号——在基础进化论的术语中，就是所谓的对异性的吸引力。

在夜总会寻找线索的难点就在于你不能简单直接地走过去找到某个人，然后让她为你跳舞或者是在镜头前扭动。如果我们想要通过肢体语言来了解他人，就需要通过适用于所有人的普通动作。走路就符合这个条件。你可能也已经意识到：即使自己与某位熟人相距很远，甚至根本看不清楚他的特征，你也可以根据此人的走路特征将他辨认出来。根据亚伦・波比克 Aaron Bobick 与他的合作者们在亚特兰大的佐治亚理工学院研发出的可以凭借步态来确定研究个体的系统，人们都有自己独一无二的走路姿态。比勒费尔德大学的彼得・伯克瑙 Peter Borkenau 和安妮特・里布莱尔 Anette Liebler 的一项研究也说明了步态和个性之间的联系。这两项研究中，每一项都有 100 名参与者。参与者走进一间房子，在一张桌子前坐下来阅读一份简短的标准陈述（实际上是一份过期的天气预报），然后他们起身离开这个房间。他们的整个过程都通过摄像机录了下来。伯克瑙和里布莱尔根据这些录像带中参与者从一个地方到另一个地方的走路姿态以及说话方式来寻找泄露人格的线索。例如，他们发现，愉快的步态——志愿者抬起双脚并晃动手臂——是体现外向性的线索。

既然你已经知道了，那这个结果就显而易见了。但是，根据研究者的数据，实际操作中却并非如此。在伯克瑙的研究中，研究人员发现，晃动手臂是外向性和低神经质的表现，但是只有第一个推论是正确的。同样，人们认为愉悦和镇定的阅读风格是低神经质和高开放性的表现，但是这两个推论都是不正确的。

因此，如果你坐在咖啡屋里，看见某个人进来，拿起一份报纸，那么根据研究者的数据你应该注意些什么呢？表 5.1 是一个根据伯克瑙的两项研究结果得出的简要的观察实地指南。

表 5.1　观察实地指南

做判断时	观察者实际上依靠	实际上他们应该依靠
开放性	精致的外表	无
	化妆的脸	
	时尚的衣着	
	苗条的身材	
	友好的面容	
	自信的谈吐	
	开朗的笑声	
	愉悦的声音	
	流利的演讲	
	易于理解	
	说话镇定	
	不躲避镜头	
责任感	精致的外表	正装
	朴实的着装	
	正装	
	拘束的坐姿	
	偶尔触摸自己的身体	
	流利的演讲	
	易于理解	
	说话镇定	
外向性	化妆	
	花哨的着装	
	精致的外表	精致的外表
	友好的言谈	友好的言谈
	自信的表达	自信的表达
	开朗的笑声	开朗的笑声

		走路时抬脚（vs 慢慢移动）
	走路快	
	频繁动头	
	步态放松	步态放松
	走路时甩手	走路时甩手
	声音响亮	声音响亮
	声音有力	声音有力
	声音愉悦	
	易于理解	
	不躲避镜头	不躲避镜头
宜人性	柔和的面部轮廓	柔和的面部轮廓
	友好的言谈	友好的言谈
	开朗的笑	
	预约的声音	
	不躲避镜头	
神经质	肌肉不发达的体质	黑色衣服
	暴躁的表情	
	胆小的表情	
	不苟言笑	
	走路时不甩手	
	步态僵硬	
	声音弱	
	不愉悦的声音	
	说话犹豫	
	难以理解	
	说话匆忙	
	躲避镜头	

由于外向性是一个很明显的特征，所以你会发现关于外向性的这些特征会有很多线索。但是宜人性、神经质和开放性这些特征在实际情境中却很难确定。

人们都很喜欢根据走路以及步态来做出推断，但是事实上，仅凭这一小部分根本不能提供关于这些特征的实质信息。

了解这些推论从何处得来并不难——通过一副胆小的模样，僵硬的步态和说话时的犹豫不决以及在镜头前面的害羞都会使我们直觉地认为这是一个高神经质的人。但是在这些研究中，它们恰恰是错误的。同样，我们会认为那些表达镇定、说话流利、自信、苗条、爱笑、时尚的镜头宠儿们都是高开放性的。但是我们的直觉会再一次引我们误入歧途。实地指南还表明，你外表的变化方式会影响到他人对你的看法——伯克瑙的研究结果表明：他人倾向于将把打扮得精致的人看作是外向的、有责任感的、开放的。

伯克瑙的数据暗示：衣着讲究是判断责任感的关键。在知道结果的情况下，我们可以看到两者是如何联系起来的（尽管你并没有事先猜测到衣着是一个有效线索）。有责任感和有目标的人（有动机）会严肃对待自己的任务，并且会用专业的方式为自己在心理学实验室的预约，以专业的方式做出计划。但是设想一下，如果不是受聘参加一个短期实验，而是粉刷一间旧的仓库，这样的话，那些在责任感和秩序方面突出的人会给自己留出时间寻找粉刷时穿的衣服（或许他们会有一个特殊的抽屉，装满了专门用于这类脏乱工作的旧衬衫和裤子），然后他们会将衣服放在一起，并记得带上它们。此种情形之下，我认为有责任感的人的穿着可能是最不正式的。

从观察者广博的视角来看，这个例子是实地指南（以及此书中的其他内容）在实际应用中的一个提醒——它是一种大概的预测方法，而不是与一个线索密切相关的解密秘籍，如认为衣着讲究和责任感有关。这些图标中的联系因人而异——即便在伯克瑙的研究中也有许多衣着并不正式但很有责任感的人。但是作为观察者，我们的工作，按照侦探波洛的惯例，就是根据证据优势来立案。

随着线索的增加，我们会变得越来越自信。

伯克瑙最令人吃惊的一项研究结果就是柔和的面部线条（也就是脸部轮廓）是定位宜人性的关键。结合这个结果和 20 世纪 80 年代的一些早期研究，他发现，娃娃脸（一张圆脸，大眼睛，小鼻子，高前额和小下颏）与宜人性相关。仅仅根据这项研究便得出许多肯定的结论可能是一件轻率的事情。但是这种发现很容易引起人们的争议，因为与其他的关注不同行为风格的研究不同，它似乎更依赖不变的面部物理特征。这种可能性很有意思，它与古代的观相术有点类似——这一观点认为物质特征能反映性格特征，尤其是面部。这一方面最有名的例子之一便是：船长菲茨罗伊不允许查尔斯·达尔文乘“小猎犬号”（Beagle）远行，因为他认为达尔文的球根状鼻子代表缺乏决心，观相术几乎偏离了进化论。

长久以来，观相术一直被认为是一种骗术。但是一些近期的研究表明，它可能蕴藏着一些道理。斯特林大学的安东尼·利特尔和圣安德鲁斯大学的大卫·佩雷特做了一些研究，之前所有类似的研究都以失败告终：他们通过行为、衣着和发型线索来区分目标对象的面部特征。他们分别创造了十张男性和女性的图片。每张图片都融合进了大五维度中每个特征的高分值和低分值代表的照片。

例如，十五张非常具有外向性的女性脸部照片被合成一张图片。此图片反映了她们的共同特点。裁判人员在评判这些照片时，很容易就能找出正确的个性特征，尤其是从女性的照片中。结果表明，正像观相术大师们很久之前就已经宣称的：某些个性特征是通过面部特点反映出来的。可是，这怎么可能呢？

个性和面部特征之间的关系可能由几个原因导致。第一个是生理因素。大家知道像睾丸素这样的荷尔蒙会影响面部特征，也会影响个性特征，如控制欲。

这可能就是 15 位外向（参照图 2.3 五大维度中与固执相关的维度）男性的合成图的面部特征比 15 位内向男性更有阳刚之气的原因。第二个将外表和个性联系在一起是因为：有魅力的人在社交活动中会受到不同的待遇。这一现象让他们产生了不同的行为方式和不同的看待自己的方式。与此想法一致，伯克瑙发现，在四个大五维度中有吸引力的人比无吸引力的人看待自己更加乐观。

最后，个性可能会在面部留下行为痕迹。有一些个性可能会因为打扮或者饮食原因在面部产生细微的变化，如皮肤更好了。更有趣的一种可能是瞬间的面部表情最终会在面部轮廓和线条中留下永久痕迹——长时间地皱眉、怒视或者微笑会留下印记。多年之后，人们脸上留下的印记会揭示出他们的特征。基于这种设想，纽约新社会研究学院的卡罗尔·马拉泰斯塔与她的同事对年纪较大的人（70 岁左右）做了一项调查。她的研究发现：事实上，人们总认为易怒的人只是在发怒而忽视他们的面部表情；其他的习惯性的情绪表达，如悲伤、轻蔑或者是愧疚也是如此。利特尔和佩雷特的研究对象比马拉泰斯塔要晚半个世纪，进而提出一种可能性：年纪更大的参与者的个性和面部特征的联系会更加密切。

伯克瑙的另一个有趣的发现是神经质和黑衣服之间的联系。神经质的一个特征就是消极的情绪。所以，黑衣服可能是内心黑暗的一种反应。而且，尽管两者之间的联系微弱，但是因为反映了一种特别的以黑闻名的亚文化，所以它很吸引人。

哥特与否

回到几年前，hotornot.com——以性感展开话题的网站——是最流行的网站之一。人们在网站上贴上自己的照片，然后根据他们对异性的吸引力，从性感到不性感进行排名。很快许多类似的网站涌现出来，重复着性感与不性感的主题。我最喜欢的网站之一就是 gothornot.com，用户们将画着眼线的、面容苍白忧愁的、全身黑衣的人的照片上传，竞争最佳哥特（Goth）形象，用户再将照片进行排名。最佳形象之一的“垃圾之星”，着一身黑衣，她的皮肤如大理石般苍白，一头乌黑发亮的头发，连眼影和嘴唇也都是黑的。她跪在小溪边，一脸轻蔑的表情。另一个极具哥特形象的用户是“纯真的感叹”，她的皮肤如烟灰般苍白，衣服、头发和妆容都是黑色的。她带着自己特有的蔑视看着镜头。Blackenedsoul666 网站上则有蔑视性的面容（这个网站上很少有微笑的面容）。

这些照片传达的个性肯定与在 peppycheerleaderornot.com 网站（如果存在的话）上找到的不同。这似乎表明我们的个性会让我们变成某种特定的模样——与一个大胆的人相比，一个害羞的人可能不太喜欢直接的眼神接触。我们可能也会——像哥特式一样——用我们的见闻与一定的价值观、目标和思想联系，比如死亡以及所有以死亡为主题的事情。

还没有任何研究是专门分析哥特人格的，但是不列颠哥伦比亚大学的克雷格·奈桑森和他的同事们就将哥特人格研究包含进了他们关于文身、穿洞和新潮穿着的研究中。他们的研究发现，展示这些反文化记号的人有些倾向于大五人格中的开放性，而在自尊方面的得分比较低，或者在冲动地寻求刺激和无情方面得分比较高。

即便是在非哥特的世界里，外表也会提供展示个性的线索。在我们自己的研究中，我们让志愿者根据照片将人的个性进行排列。考虑到我们的志愿者只能在一张照片里找线索，我们的观察者（他们都只是普通的学生）关于其他人的外向性、宜人性和开放性的判断都是惊人的准确。我们的判断者就是使用了表 5.2 实地指南中的一些线索来得出正确结论的。当然，他们还依靠了其他的线索，而这些线索不在我们的研究范围之内。

表 5.2　观察实地指南

做判断时	观察者实际是根据看起来……的人	他们应该观察看起来……的人
开放性	没有吸引力	没有吸引力
	杂乱	杂乱
	无秩序	无秩序
	不健康	不健康
	有创造力	有创造力
	不同寻常的	不同寻常的
责任感	有吸引力的	
	整洁的	
	有序的	
	健康的	
	放松的	
	传统的	
外向性	有吸引力的	有吸引力的
	高兴的	高兴的
	放松的	放松的
	传统的	
	高兴的	高兴的
宜人性	有序的	
	放松的	放松的
神经质	不健康的	不健康的

自恋	有风格的	有风格的
	穿昂贵衣服	穿昂贵衣服
	参加互助会 / 联谊会	
	为打扮自己花费时间	为打扮自己花费时间
	温柔的（仅女性）	温柔的（仅女性）
	化妆（仅女性）	化妆（仅女性）
	拔眉毛（仅女性）	拔眉毛（仅女性）
	事业线（仅女性）	事业线（仅女性）
	阳刚的（仅男性）	
	强壮的	

观察者很容易找到关于自恋和开放性的线索，而外向性则稍微难找一些。正如在伯克瑙的研究中所看到的，关于责任感的传统看法并不见得就是正确的。我们还会看到一种类型（我稍后会谈到），有秩序的人被认为具有宜人性和责任感。

除了告诉我们哪些线索是观察者能用的，哪些线索是观察者不能用的以外，我们的数据还显示另一个重要发现。虽然在判断责任感和神经质方面的准确率并不高，但是判断者们能够对关于那些目标具有哪些特征这一方面达成共识，就像在宜人性和开放性方面所做的一样——这两方面的准确率更高。作为观察者，我们需要注意这些发现，因为它表明观察者之间达成的共识与准确性之间几乎没有关系。换句话说，仅仅是因为大家都赞成根据某人外表得出的判断，并不表示这种判断就是正确的。

握手力度和刹车痕迹

实地研究个性给我带来的乐趣之一是许多人都与我的研究相关。当我告诉某个人我是研究个性在日常生活中是如何表现出来的，以及我通过观察卧室和办公室找到线索的时候，有时我会很幸运地走到了解暗藏线索的新地方。偶尔，有人会告诉我，他们可以从一个完全没有预料到的来源中发现个性。

一个非常有经验的机械工曾经告诉我说，那些易焦虑、害怕的人比镇定放松的人更容易磨损自己的刹车片。焦虑的人会不断地刹车：轻微的干扰或者分神就会让他们采取急刹车。经历多次急刹车之后，刹车片上就可以看出刹车痕迹了。当然，你不可能潜入伴侣的汽车，然后卸下轮胎检查刹车片。但是机械工的观察却提醒了我，在我们寻找个性符号时，发挥创造性，进行广泛思考的重要性。我喜欢打开收音机，查看光盘和 iPod，从车主想要创设的环境中寻找更多的线索——金属乐队（Metallica）[①]还是约翰·柯特兰（John Coltrane）[②]？

根据三大个性原理，除了刹车片，汽车本身也可以告诉我们一些关于车主的信息：汽车的款式——一辆高品质车还是一辆组装车——还有车上的装饰品，如保险杠贴纸，可能是针对他人的身份标签也有可能是针对自己的。

这种类型的汽车——高速跑车——以及其他特征，如镜子上挂着宠物的照片，可能是情感调节器，传达出车主特有的思考和情感方式。我们还可以通过司机行为痕迹了解车主的一些信息——保险杠和车身上的损伤可能代表了曾经的鲁莽（是否注意过差点从旁边撞上你的车的车，一般车身都是撞痕）。车的内部状况同样也能提供信息：烟灰缸被清空洗净了吗？是否有饼干碎末从汽车座椅的缝隙中露出来？

根据这种观察，乌尔兹堡大学的乔治·阿尔珀斯和安特耶·葛迪思想看看

---

① 金属乐队，1981 年在美国洛杉矶组建，20 世纪 80 年代至今世界上最杰出和最有影响力的重金属乐队。

② 约翰·柯特兰，美国黑人爵士音乐家。

基于外表，判断者们能否将车和车主对号入座。他俩四天来都在收费公路的停车处晃悠。征得同意之后，他们给车主和汽车拍了照片。接着，研究员便将照片给一群陌生人看，并让他们猜测车主是谁。

判断者们并不总能回答准确，但是比他们单纯靠运气猜测要准确得多。他们的这一点让人印象深刻。毕竟，他们需要做出两个判断——根据个人照片判断车主，然后再判断什么样的人会驾驶何种汽车。随后他们还需要搭配两组信息。如果有任何一个判断失误，那就有可能对不上号。同样，需要考虑判断者们的猜测仅仅是凭借单薄的数据——一张车主腰以上的照片和一张车的照片。他们不能到座椅下寻找，不能在行李箱里到处翻寻，也不能收听收音机里提前设置的频道。

判断者们或许会根据直接的推断归纳特征的效果（例如整齐）——因此他们可能推断出小心维护自身外表的人也会小心维护他们的汽车。

他们也会使用间接推断，或许会根据惯例（多数是正确的惯例）：年长的人通常会更有钱，那些看起来很贵的汽车可能真的很贵，所以判断者们会认为年长的人有很贵的车。

当然，你也可以通过与被观察者接触来获取信息。在得克萨斯大学，我参与指导一个项目：将教授与学生配成对，鼓励他们交往一年，在我还不认识任何学生之前，我准备与他们中的一些人共进晚餐。晚餐结束时，我们握手道别。连续与那么多的人道别，我不由自主地开始注意每次握手时的不同风格。一些是僵硬的，另一些是柔软的，有一些是坚定有力的，另一些是无力的。与利兹（Ritz）的握手是最坚定有力的，她把头发染成了亮红色，她一直在聊天，还伴着微笑，总是充满活力，而且她会在不打断她的对话的情况下向经过餐厅的其他人打招呼（招手或者点头），还会经常起身招呼他人坐下。我想我是否能单从与她的握手就可以推测她精力旺盛且健谈？关于握手可以泄露个人信息的预测非常普遍，事实证明，它是信息学研究的主题。

握手，作为了解个性的关键，从握手出现后研究者就对其感兴趣。20 世纪 30 年代的研究者率先对此进行了研究，近来的 20 世纪 90 年代，瑞典的研究人员针对握手进行了许多复杂的研究。不幸的是，所有的结果都不是特别有用。一项只有精神病人参与的研究不能代表普通大众的情况。其他的研究也有很多缺陷，根本不可能回到重大问题：人们握手的方式是否一致？人们和同性握手时候的方式不同还是和异性握手的方式不同？

我们需要一个分析各种握手特征的研究，此种研究需要很好的方法去评估握手者的人格，每次握手的一致性以及握手特征中的性别差异，并能系统地分析握手给人留下的印象。2000 年，在《个性与社会心理学杂志》——该领域的权威杂志上报道的一项研究就是这样展开的。今天，这个报道仍然是分析个性与握手之间关联的最缜密的研究。

在塔斯卡卢萨的阿拉巴马大学的威廉·卓别林（William Chaplin）和他的学生对 100 多位握手者进行了握手方式和个性的研究。他们衡量了八次握手的质量（如温度、干湿度、力度和持续度），将其与大五人格理论和害羞与情感表达相联系。

你预测他们能发现什么？例如你期望在握手坚定有力的人身上发现什么？你是否期待从男性和女性身上找到相同的特征？卓别林和他的团队对每一次握手都进行了八次研究。其中两次握手是与女性实验者，另外两次是与男性实验者。正如我们所看到的，关键是他们安排这些实验时握手者不知道这项研究是与握手有关的。

为确保一致的评估，实验者接受了大量的培训，以使他们保持中性的握手方式，以便每次握手都能保持一致。这说起来容易做起来难。作为一名实验者，你必须要将手从腰部直接伸向握手对象，大拇指与手掌保持 45 度角。最重要的是不以任何方式影响握手。因此在接触期间，你只能等待握手对象与你握手——紧握并上下晃动。此外，你只能在对方松手时或者有结束意愿的时候才能放手。一旦完成标准握手，你就需要去了解这八次握手的维度，包括温度、力度、持续度和质感。在这个阿拉巴马研究中，该训练耗时一个月。

在预先设定的时间，参加者来参加这项实验。实验人员巧妙地编造了一个故事，为的是不让与四位经过训练的实验人员握手两次的人发现这项研究是分析握手。握手者被告知自己参与的项目是研究四个人格测试同时进行的结果是否会与分开进行的不同。研究人员要求他们填写四张调查问卷，并告知他们一些说明：“为了强调这种（调查问卷的）分离性，每个实验人员都会把你视为个体实验的参与者来与你打招呼。”这些说明为进行的所有握手提供了合理解释，他们允许实验人员可以同时收集到所有的人格调查问卷。这是观察在实际操作中一个非常巧妙的例证。

许多握手者都采取了中间适度的方式：他们既不是老虎钳般用力握手的人，也不是死鱼般的无力之人。但是研究表明我们可以通过人们的握手方式了解到一些关于人格的信息。研究还表明，某种握手方式会涉及多个维度。换句话说，就像人会有几个个性特征（传统意义上的呆子通常是内向的、谨慎的，在社交方面很无能的）一样，握手方式也包含了几个维度。

实际上，握手者的类别比人格的类别更简单一些，它只有两个主要的类型——坚定有力的握手者和无力的握手者。坚定有力的握手者常常会有一个完整的紧握过程，握手强劲而且有力，时间也比较长，会有眼神交流。总体而言，人们可能会认为男性的握手比女性的握手坚定有力。根据卓别林的研究结果，有力的握手者往往更外向，不太神经质也不会害羞。仅就女性而言，坚定有力的握手者往往对新经历有较高的开放性。而用柔软无力的手跟别人握手的人更倾向于内向的、神经质的和不善于表达的。

那个瑞典的研究组将这些经验丰富的握手者作为治疗师、神职人员和销售人员来研究，他们的一些思考和研究也得到了卓别林研究组的证实。卓别林研究组还表示说人们会根据他人的握手方式来形成对他们的印象。有力的握手者比无力的握手者能给人留下更积极的第一印象，而这些则给讨论这些话题的礼仪类书籍提供了支持。

个性 24/7

走路和握手这样的日常行为会泄露我们的信息，这种想法推动了一项针对一个七岁男孩展开的研究，现在也只知道这个男孩的笔名：雷蒙德·布吉。1949 年 4 月，在一个温暖但是阴沉的星期二，就在早上七点以前，雷蒙德的母亲走进了他的房间。早上七点整，这位母亲拉了灯线，向床边走去。“雷蒙德，起床了。”她没有多做什么，她只是轻声地唤醒男孩。男孩坐了起来，揉着惺忪的睡眼。七点零一分，他穿上了左脚的袜子；七点零三分，他穿上了右脚的袜子；七点零四分的时候，他穿上了右脚的鞋子。他的母亲问他早餐是不是想吃鸡蛋。他懒散地拒绝了，当然并不是因为恼怒或者是怨恨。

你可能会问，我们怎么会知道这些？位于堪萨斯州奥斯卡鲁萨镇的中西部心理学现场研究所的主管罗杰·巴克和赫伯特·莱特发起了一个独一无二的科学项目，这个项目的研究对象便是雷蒙德。他们打算跟随某个人一整天，仔细记录下此人每时每刻所做的任何事情。那天，从雷蒙德早上揉着睡眼起床，直到晚上八点三十三分上床睡觉，他做过的所有事情都被详细地记录下来，观察者每过半个小时换一次班。雷蒙德穿袜子以及所有的日常活动都成为不朽的经典案例研究——一个男孩的一天。

正如我和我的同事们在观察研究中所做的一样，巴克和莱特避开了心理实验室研究的束缚，把日常行为作为心理研究的首要和中心。他们所做的大量的工作——自然观察的里程碑——收集到超过四百页的信息。然而尽管他们的理论非常符合实际，但是令人惊讶的是，他们的进一步研究却耗费了很长的一段时间。

四十多年之后，加州大学伯克利分校的肯尼斯·克雷克（Kenneth Craik）研发出一种他称之为日常生活分析的观察方法，即用一台手持的摄像机拍摄人们在日常生活中的自然行为。这也是基于对“生活是一天一天来过，也只能一天一天过，一天接着一天，日复一日”这句话的理解。

克雷克的方法能留下永久性的试听记录，这比巴克和莱特的手写记录进步了很多。但是这仍然耗时很长，极为繁重。当然，与一组摄像师和研究者走来走去很显然是一种笨法子。当你在课间打瞌睡或者是溜到车棚偷偷吸烟时，你是否情愿让这样一支队伍跟着你？这种观察方式难道不会妨碍心理学家们想要研究的行为吗？我们需要的是一种不会如此冒失地干扰普通日常活动的方法。

我的得克萨斯大学的同事詹姆斯·潘尼贝克和亚利桑那大学的马提亚·梅尔就研究出了这样一种方法。作为一种独创性的实时观察，他们才用得上微型记录器，这是一种可以一整天都随时携带的设备。这种设备是由一个芯片进行控制，每十二分钟工作三十秒。研究对象在自己的腰带上（无线麦克卡在衣领上）的小袋子里装上这些电子记录器（Electronically Activated Recorders），简称 EARs，他们通常要记录两天至四天的活动。这样一来，就避免了受一行科学家的干扰。如果周围都是拿着摄像机和便签本的研究人员，研究对象439号是不太可能说出那个“身材匀称的女孩胸部很大，但并不是太大”的，而是会说“刚好跟身体相称”。虽然363号给微型电子记录器提供了一段丰富的心理历程，但是她还没有到忍无可忍的地步，不会在一整组研究人员面前与男友分手。

梅尔认为，电子记录器比许多的心理研究更能掌握那些瞬间，因为人们容易相信自己做的事情很“正常”，所以没有必要检查。参与者被具体告知，研究人员关注的是“每一天的生活”，如果他们觉得有必要进行检查的话，他们稍后可以删除这些片段。这些话很有帮助。但是也有一些特例：一名参与者确实删除了记录，他除了唱歌跑调之外也没有什么不雅的行为（对于那些分析样本的研究者来说这是很遗憾的，不是所有唱过歌的参与者都能体谅地留下他们唱的歌曲录音）。梅尔的研究中的参与者表示：在刚刚开始的前几个小时里，他们对这个设备还是比较敏感的，但是前几个小时过后，他们就忘记了它的存在。事实上，梅尔差一点摔坏了他的昂贵的记录器。他忘记了自己正佩戴着记录器，脱毛衣时便扯掉了麦克风。

电子记录器记录了大量有趣的生活方式。它显示出，尽管我们每个人都要做不同的事情，但我们都是明显的习惯性生物。他们让人们佩戴电子记录器两天，然后在四周之后再佩戴两天，结果显示出他们与他人的相处方式、所做的事情以及常去的地方都是一致的。一开始时，总是独处的人或喜欢打电话的人，在四周之后仍然是独处的或者依然耗在打电话上。与他人交谈、笑、看电视、演奏音乐、使用电脑、阅读、工作和上课都是这样。人们在家中、在户外、在交通工具上，或者是在一家餐厅或其他的公共场所花费的时间也没有改变。甚至电子记录器的佩戴者经常使用的口头语言也是一样的，尤其是脏话和嗯、啊这样的语气词。

脏话和语气词，实际上我们使用的所有词语都能反映我们的人格。观察人格的另一处冒险就是詹姆斯·潘尼贝克和劳拉·金使用电脑程序分析了八百个人的写作样本用词。他们发现，外向的人喜欢使用描述社会事件和积极情绪的语言，倾向于避免使用传达消极情绪的词语。他们还倾向于通过排除性词语（“但是”“没有”和“除了”）、可能性词语（“或许”和“可能”）以及否定词语（“不”“不是”“从不”）来区分。在开放性上得分较高的人与得分较低的人相比，更容易形成另一种方式——他们很少使用第一人称单数（“我”“我的”），会使用很多冠词（“一个”“这个”）和长句，还会避免在现在时态中使用动词。而在神经质方面得分高的人则倾向于大量使用第一人称单数，很少使用冠词，而且更喜欢使用表达消极情绪的词。事实上，在潘尼贝克的研究中，有很多不同的第一人称单数的使用方式。下面这些人群中你认为哪一类最喜欢使用“我”“我的”这样的第一人称单数：地位高的人还是地位低的人？自杀的诗人还是没有自杀的诗人？男人还是女人？是沮丧的人还是不沮丧的人？潘尼贝克认为“我”“我的”是自我关注的语言记号。他还发现，女性、社会地位低的人、自杀的诗人和沮丧的人更倾向于使用这些词语。

没有专业的软件是不可能在日常生活语言中发现不同的，甚至更难从被观察的文章中发现不同。要想了解估算词语出现的频率有多难，你不妨回忆一下昨天或者其他时候你经历过的两次对话。尽管你或许能猜测哪个对话中谈到了更多关于各个范畴的词（如与工作或旅游或某个人或活动相关的词汇）——也就是说，你了解一些谈话内容——对于那些潘尼贝克称为“无意义的词汇”（代词、介词、冠词、连词和助动词）的使用频率，你可能感觉找不到线索。你是否知道两个对话中，哪个使用了更多的“这”“……的”“在”“我”这类的词语？然而，正是这些无意义的词语显示出我们的说话风格，这也就解释了为什么它们是人格和特殊社会环境的最好记号。例如，潘尼贝克发现，人们说真话时使用第一人称单数（“我”和“我的”）和排除性词语（“但是”“除了”以及“没有”）等的频率比较高，这反映出一个复杂的思考过程。所以，当很诚恳地解释一些事情时，他们更可能将其讲得私人化，并且用一种更复杂但能理解的方式讲述这个故事。

可以理解的是，要想做好深层次的观察，你真的需要留意各种词语的使用频率。最简单的一种方式就是使用文本分析软件，就像潘尼贝克研发的那种软件（在他的网站上能找得到）一样。这种语言分析不好的一面是需要专业的软件，好的一面是人们对于自己的语言风格没有什么概念，所以他们不可能使用一些会让人对他们的个性产生错觉的语言。即便是书写而不是说话也是如此。

一点都不让人惊讶的是，电子邮件就是传递个性线索的一个好的传送者。有时，你甚至不需要打开它。克里斯汀·张－施耐德是得克萨斯大学的一名研究生。她对日常生活中的个性表现非常敏感，这让她走上了一条自己都没有预想到的研究之路。观察人们怎样选择恋人是她这项研究的一部分，她需要选择非常喜欢自己以及不喜欢自己的女生（根据之前获取的自恋分数）。为了邀请这两组人——喜欢自己的和不喜欢自己的人——来参加这项研究，她收集了她们的电子邮件地址。很快，她注意到了这两类人的不同之处。自恋分数较高的人喜欢使用如：Redhotjenni（新潮珍妮）或者 princess_suzy（苏吉公主）这样的用户名。而自恋分数低的参与者则选择 sadeyesagain（悲哀双眸）和 nothingmuchinside（内心空虚）等名称。当施耐德想了解这是否是广泛存在的一种形式时，她发现，在某种情况下确实是这样——尤其是人们给自己起名字时——用户名会告诉我们人们是如何看待自己的。

下面是从施耐德的研究中收集到的一些用户名（为了保护参与者的隐私我们做了一些改动）：naomiprincess（诺艾米公主）、kingtony23（国王托尼23）、emotional_void82（情感_空虚82）、Fatneckendra03（胖脖子恩卓03）、gorgeouschic（华丽高雅）、empty_heart（空洞的心）和strangelittleboypeter（奇怪的小男孩彼得）。你并不需要像波洛那样去判断人们在自恋上的得分高低。施耐德还发现人们为选择自己的名字还能表现他们对自我能力的意识。费力去猜测这些名字里面人们自我能力意识的高低并不会得到什么：stevethetennisace（史蒂夫网球高手）、spaceystacy（宽大的斯泰西）、longtimeprodigy（长久的神通）、smartguy（聪明的男孩）、thatotherboy（另一个男孩）、sloppycrazyandweird（杂乱、疯狂和怪异）、brainmissing（大脑迷失）和julessavestheday（朱尔斯拯救那天）。

即便你自己有机会设置自己的电子邮件用户名，但是在表达上还是会受到限制，因为名字都很短，并且如果你是用于正式交流，那还需要避免使用怪异的名字。在日本，除了正规的电子邮件账户，许多人的手机上还有专用的电子邮件地址。电脑上的电子邮件账户和手机上的账户功能不同，尤其是年轻人的。他们使用一般的电子邮件账户是出于公共的目的，例如，给教授发论文，而电话上的电子邮件账户纯粹是出于私人目的，比如安排约会或者与朋友聊天。

日本甲南女子大学的森津太子（Tsutako Mori）告诉我，年轻人第一次见面时，如果发现喜欢对方，他们首先会交换电子邮件地址。在这些场合，交换电子邮件地址就跟交换名片是一个道理。森津太子说，他们聊天的第一个话题也经常是关于手机电子邮件名称的由来。所以年轻人会花费大量时间去创设一个独特的手机电子邮件地址。从一个观察者的角度来说，仅从这些地址就能了解到很多信息是很让人吃惊的。森津太子发现，只有电子邮件（还有他们的性别，因为这会影响词汇的意思）可以研究的观察者针对发件人外向性能做出惊人的准确判断，而对开放性的判断则稍微差一点。

将积极的外向者与那些低调的内向者区分开来的一个特征是：前者语气顽皮而快乐——有个外向者的电子邮件地址是一个充满活力、精彩的视频游戏名。外向者还会用 cute-rabbit（可爱白兔）、sunshine-go-go（阳光来了）、love-and-smile（爱和微笑）这样的用户名。许多此类的电子邮件地址都表现出愉悦的情绪。内向者的电子邮件地址通常是没有什么意义的数字。他们不会把地址拟人化，反映出他们是缺乏行动的，而且没有兴致与他人建立联系。这就是此类人的特点。一些内向者所使用的邮件名称是一些晦暗的词，如 setting sun（夕阳）和 distortional addict（扭曲的瘾君子）。

因为我们生活的社会对我们的自我表达并没有什么限制，所以当你知道寻找什么样的线索时，就会发现这是观察者的天堂。我经常被问及这两个问题：一些人操纵线索使你完全被误导的可能性是多少？或者你知道什么线索该控制，那你是否会构建一个完全不同的人格？我会在下一章中解决这些疑问。

第　六　章

所有的伪装都有破绽

我很严肃地对待我作为研究生导师的工作。

当我教本科生的时候，我坚持让他们看一些基础性的研究论文，尽管论文会比较枯燥，而且充满了数据。但是有一年，我没有再继续那种坚持，而是让他们看英国作家马丁·艾米斯（Martin Amis）[①]的小说《雷切尔文件》（*The Rachel Papers*）。这篇小说是对一个不正当的角色查尔斯·海威（Charles Highway）几个月来的生活进行的一种心理层面的生动形象的记录。查尔斯·海威是一个年轻人，他不择手段地引诱女性和他上床。在一段情节中，他预先看了一部电影，这部电影他打算和名为雷切尔的女人一起看。这让他有时间准备那些机智的、能给雷切尔留下深刻印象的“即兴”评论。在另一段情节中，他小心地布置着自己房间中的物品：

不知道她的音乐喜好，所以在音乐上还是保险起见。我把碟片垂直地放成平行的两排。第一排最前边放上《2001 太空漫游》（*2001:A Space Odyssey*）（这个绝对不能放错）；在第二排的最前面，思考了一会儿，由诗人朗诵的狄兰·托马斯（Dylan Thomas）[②]的诗歌。咖啡桌上放些莎士比亚的作品和一份 *Time Out*——或许是一种有趣的二分法，但是我担心，不，不会的，不太会，我把它们换成泰晤士和哈德逊[③]的《布雷克》（*Thames and Hudson Blake*）（还是绝对不能出错）和《冥想诗》（*The Poetry of Meditation*）。实际上，这是美国的一本关于深奥的形而上学理论的著作，尽管从表面上看这可能是“垮掉的

---

① 马丁·艾米斯，著名的运动派诗人、小说家金斯利·艾米斯之子。

② 狄兰·托马斯，人称“疯狂的狄兰”，英国作家、诗人，代表作《死亡与出场》《当我天生的五官都能看见》等。

③ 泰晤士和哈德逊，英国的一家知名出版社。

一代”的诗集：雷切尔可以按照自己的意愿来解读它。

海威的计划是如此宽泛复杂，他为每一个他想要引诱的女人保留着档案资料。《雷切尔文件》这本书就是关于雷切尔的好恶的文件资料，海威借助这些资料来帮助自己创造一个对雷切尔有吸引力的形象。（讽刺的是，就在我为写这本书做准备的时候，我又一次读了《雷切尔文件》，当时我的一位客人在我的床头柜上看见了这本书，还责怪我这本书放在这儿是为了吸引客人。）

我布置学生看《雷切尔文件》这本书是因为它是用一种娱乐的方式去描述有些人是怎样用伪装的身份标签和行为痕迹去创造一种假象，进而误导他人的。当人们第一次知道我的工作时，他们通常会问：“我就不能故意布置一下我的房间，让你获得关于我的个性的错误信息吗？”正如我们将要看到的，答案是：“是的，但是这种故意是有限度的。”

过度宣称调查

开始前，让我们先迅速来做一个叫作“熟悉度测试”的热身练习。下面的列表中有十五个人名，他们当中有的非常有名气，有的没有名气，测一下你对每一个的熟识度。如果你对一个名字很熟悉，就在它的旁边写上10。对多数人来说，列表中的第一个人大家都会写上“10”——戴安娜王妃。如果你从来没有听说过这个人——就像我在做测试之前从未听说过利奥·亨德里克·贝克兰德（Leo Hendrik Baekeland）（他获得人造橡胶的专利）——那就写上“0”。如果你对这个人只是有一点点了解，那就取一个中间数。所以我会在苏西洛·班邦·尤多约诺（Susilo Bambang Yudhoyono）旁边写上“5”，因为我知道他是印度尼西亚的总统，我就知道这么多。初步解释到此为止。让我们看看你认识多少：

1. 戴安娜王妃
2. 丹尼斯·哈德卡斯特（Dennis Hardcastle）
3. 赫尔曼·赫姆霍兹（Hermann Helmholtz）①
4. 昆汀·塔伦迪诺（Quentin Tarantino）②
5. 马里奥·塔斯迪诺（Mario Testino）③
6. 阿米莉亚·埃尔哈特（Amelia Earhart）④
7. 安吉丽娜·朱莉（Angelina Jolie）⑤
8. 苏西·格雷－普特南（Susie Gray-Putnam）
9. Q- 波特（Q-bert）⑥
10. 沃尔特·惠特曼（Walt Whitman）⑦
11. T.C. 弗吕蒂（T. C. Flutie）
12. 科菲·安南（Kofi Annan）⑧
13. 艾波·布蕾丝·艾莉森·马丁（Apple Blythe Alison Martin）
14. 法兰克·缪尔（Frank Muir）⑨

---

① 赫尔曼·赫姆霍兹，德国物理学家。
② 昆汀·塔伦迪诺，美国后现代主义导演、编剧、演员、制作人。
③ 马里奥·塔斯迪诺，著名的时尚摄影师。也是已故英王妃戴安娜的私人摄影师。
④ 阿米莉亚·埃尔哈特，是一位著名的美国女性飞行员和女权运动者。
⑤ 安吉丽娜·朱莉，好莱坞电影明星。
⑥ Q- 波特，游戏人物。
⑦ 沃尔特·惠特曼，美国著名诗人，其代表作品是诗集《草叶集》。
⑧ 科菲·安南，加纳库马西人，联合国第七任秘书长。
⑨ 法兰克·缪尔，英国喜剧作家。

15. 丹·拉瑟（Dan Rather）[①]

1966年12月，佛罗里达州的坦帕和奥兰多开展了一项调查，这个调查和你刚才所做的测试相类似。调查的主题不是那些名人而是一档电视节目。一个女调查员会采访停下的路人关于各种节目的看法。多数人会因为太激动了而不知道怎么配合。当被问到关于《太空探索》这个节目你具体喜欢什么的时候，一位女性回答说是里面的“科技元素”，还补充说她年纪尚幼的儿子非常喜欢。她认为科技题材的节目对儿童很好，所以这个节目就延长至一个小时。有一些问题问得更具体。当被问到“迷上月球”和“金星婚礼”两个环节更喜欢哪一个时，一个男士很明确地选择了后者。他并不认为“太空宝宝”和那些头上有天线的男人和女人们都很疯狂。事实上，《太空探索》是他最喜欢的节目之一。另外一个回答者强调，菲斯·哈珀的声音更适合扮演那个女主角。但并不是所有人都充满热情。一个女性被访者认为给自己十二岁的女儿解释太空科学的所有细节是一件非常困难的事情。

该项调查涉及的另外一个节目是《坦率的摄像机》，一档专门设计恶作剧和电影去愚弄别人的节目。坦帕的人听说过这个节目吗？他们当然知道。节目中有一位采访者在街上询问路人关于某些节目的看法，他们是否知道这些节目是不存在的。

当然知道，但是就那天而言，太迟了。你可能会猜到是《坦率摄像机》发起的这项调查，但《太空探索》则完全是杜撰的。因此，当他们被问到这个节目的时候，回答者们为什么不简单地说他们根本不知道采访者在说什么呢？他们是想帮助采访者吗？还是想努力表现得好一点？又或许他们相信他们看过这

① 丹·拉瑟，哥伦比亚广播公司《晚间新闻》的节目主持人，1972年跟随尼克松总统出访中国。

个节目。

各种各样的动机驱使着人们去追寻心理学家所说的“社交中想要的反应”，而从中分辨动机可以说是一个挑战。研究人员已经研发一些仪器，用这些仪器来评估人们支吾其词地维护自己形象的努力程度。实际上，你刚刚做过一个这样的测试。熟悉度测试其实并不像它声称的那样。实际上，它是用来测试你的表达倾向性，看你是否会声称自己听说过那些根本就不存在的人。一些名字就像《太空探索》一样，完全是虚构的。不要回去修改你的答案！不列颠哥伦比亚大学的德尔·保鲁斯（Del Paulhus）开发出的这个巧妙的测试已经证实可以准确地找出那些试图控制他人对自己印象的人。

保鲁斯的过度宣称调查（Over-Claiming Questionnaire，简称 OCQ）是通过评估人们是否会声称自己听说过那些本来就不存在的名字来进行的。你在丹尼斯·哈德卡斯特、苏西·格雷·普特南和 T.C. 弗吕蒂旁边写了“2”还是更大的数字？如果你写了，那你就是在“过度宣称”。

也许你并没有过度宣称。并不是所有的人都这样。但是其他的结果都表明很多看到过此书的人都是这样的。有一些通常宣称的比其他人多。你过度宣称的时候或多或少都因情境而异。当你的老板正在决定把这项任务交给谁时，你也许会比平常表现得更加积极。

想要表现好的人正在极力隐藏自己为表现好所作出的努力。像查尔斯·海威一样，如果你正努力给一个约会对象留下好印象，你就很想澄清自己的行为并不是在表演。如果雷切尔问他怎么看这部电影时，海威说自己为了准备这次约会提前看过这部电影了，那他对这部电影的理解就没什么大不了的了。如果人们在进行熟悉度测试之前你就提醒他们列表上有一些假名字，他们就不会过度宣称，而且会突然变得诚实——他们的熟悉度分数会急剧下降。但是，这个规则仍然有这样一个例外：这样的警告对自恋者来说相对不会受到什么影响。即使提醒他们里边有不真实的名字，跟不自恋的人相比，自恋的人还是会过度宣称。有些人可能期待他们不会自恋，可是他们很难满足这些人的期待。对于每一个想要表现好的人来说——自恋者当然属于这个范畴——这可能会让他们看起来像是骗子。那究竟发生了什么呢？不知道究竟是什么原因，自恋的人会说服自己相信他们真的认识这些实际上不存在的人。他们并不是在演戏，而是他们事实上就是这样认为的。

为了理解自恋者中如此普遍的自我欺骗过程以及我们当中的许多人从某种程度上也属于这一范畴，保鲁斯教授对社交中想要的反应的两种类型做了一个很有用的区分。最明显的一种就是印象管理，也就是指故意在他人面前表现出让人喜欢（社交中希望）的样子。为了给他人留下好的印象，我们可以强化我们的优势，或者掩饰自己的缺点。第二种很不明显的类型是自欺性拔高，也就是倾向于表现自己积极的（诚实的自我描述）一面。在这个特征上得分较高的人不会说这一件事却想着另外一件事——他们实际上是真的相信他们描述自己的积极的一面。他们在印象管理方面的得分会升高（因为他们故意这样做）。但是他们自欺性拔高的分数却几乎不会改变（因为这是我们所没有意识到的）。你可能会猜到：在自恋特征上得分较高的人在自欺性拔高方面的分数一定会异常的高，但是在印象管理方面的得分就会与其他人一样了。

分析两种社交反应之间不同的研究阐明了为什么自恋者——那些尤其关心别人对自己看法的人——并不担心自己的过度宣称会被别人发现。他们没有注意过提醒，也并不知道有一些名字是假的。于是当听到一个虚构的名字，如T.C. 弗吕蒂，就会说服自己相信自己的确知道这个名字。熟悉度测试的发明者保鲁斯告诉我，如果你告诉那些自恋者这些名字是编造的，他们将会很激烈地跟你争论——甚至当他们听说这些名字是你编造的，他们还会相信自己知道得更多，而不会去相信你说的。并且，他们会继续跟你争辩这些名字背后的人是真实存在的。保鲁斯认为，这种防卫行为可以使他们继续保持自我欺骗。说句不太中听并且可能会冒犯他们的话，自恋者们会重新让自己相信他们就是正确的，因为他们的对手都退却了。当然，并不是每一个跟自恋者争辩的人都特别确定自己的立场。不像保鲁斯，我们几乎没有人能凭空编造名字，然后让他人宣称自己听到过这些名字。

自恋者是非常有趣的一群人。不像拥有极端个性的人——他们类似于妄想狂或者过度的情绪化而且寻求关注——自恋者在权利和责任方面表现良好。我在哥伦比亚大学商学院的同事丹尼尔・艾麦思让他读工商管理硕士的学生（这些学生都是非常高效能的人）回答各种人格调查问卷，然后将分数反馈给学生。几年前，一个学生在自恋测试上获得了高分。鉴于大多数人对自恋抱有消极的观点，艾麦思担心反馈的分数会令这名学生震惊。但是他根本就不需要为此感到担心。这个学生的高度自恋会让他从积极的一面来看待这个麻烦的信息。艾麦思无意间听到这个学生告诉别人说："我在自恋测试上是超水平的——我回答对了每一个问题。"

自恋者的另一个特征就是他们对赞美有无限的接受能力。几年前，我和几个同事遇到一个非常有天赋却相当自恋的合作者。我们事先设立了一个目标，想看看我们所说的话到底需要多过分他才能发觉我们的话言过其实。在那次会面以及其他的几次会面中，我们的合作者竟然完全相信我们说的恭维话，只是认为我们过分谦虚。的确，到最后我们都说到这种程度上了："我觉得这个评论是我听到的最精彩的评论。"但是无论我们怎么说，我们的合作者都欣然接受。

为了进一步解释自恋者如何看待自己，我们来看看几年前在加州大学伯克利分校进行的一项研究：研究人员让六个人在一张圆桌前坐下来，稍后问他们各自所坐的位置。与其他人相比，自恋者更可能说他们自己坐在桌子的主位。

当然，想要给别人留下一个好印象是一件很正常的事情。例如，我要承认，在我选择用于熟悉度测试的例子时，我忘记了印度尼西亚总统的名字。所以我就在谷歌上搜索了一下，然后把它放进我的文章中，让你们认为我对世界事务的了解比实际上要多。

但是确立我作为精通全球事务的专家声誉，我能走多远？如果有足够多的时间，能够随时进行搜索，那我可以建立并维持这份声誉。我或许很随意地就能说出印度尼西亚那些比较低级部门的部长是谁，随时说出这个国家详细的议会制度和司法体系，还能讲出一个逸闻趣事或者两个政治事件。但是如果你想跟我见面，那我想要保持这种伪装就比较困难。为了进行这次对话，我可能需要准备各种信息。

但是当你问我一个关于印度尼西亚副总统穆罕默德·尤索夫·卡拉的问题（好吧，我承认我刚刚上谷歌搜索过了），那我的计谋很快就会被识破的。所以，在有些情况下，我们可以让自己表现得更好，但是在其他的情况下——许多的日常接触中——就变得很难。我所研究的这些日常情况——卧室、办公室和其他类似的地方——会允许我们一直都表现良好吗？

等待戈夫曼

我第一次对卧室进行观察研究的时候，还是加州大学伯克利分校的一名研究生。所以，几年之后，当我受邀去那里分享自己的最新研究时，我在感到高兴的同时也有些许担忧，怕在自己以前的老师面前出丑。我分享的材料似乎引起了很多人的兴趣。因为当我们进行到讨论阶段的时候，很多人都进行了提问。第一个举手的是伯克利分校非常著名的心理学教授，他提问道："戈夫曼会怎么说？"他指的是欧文·戈夫曼（Erving Goffman），一位著名的社会学家，凭借一本很有影响力的关于人们如何向世界展示自己的著作而闻名。尽管这个问题此前并未以此种方式提问过，但这却是一个反映普遍关注的问题：我们留给他人看的关于我们自己的信息是真实的信息吗？还是我们根据自己希冀被别人这样看待的刻意而为呢？

在他的经典之作《日常生活中的自我呈现》这本书中，戈夫曼就指出，我们在日常生活中的表现就像是在剧中饰演角色：我们出演一个角色，然后呈现出来。相应的，我们在社交中的所说所做都像是一个剧本。戈夫曼说，饰演角色要比真实地做出反应简单得多。当我们做出行动、进行反应时，我们可以参照非常熟悉的曾经彩排过的，与我们角色相关的剧本去表演，角色扮演能让我们更好地理解他人的行为，但是也让我们的行为变得更不真实。

在一部戏剧作品中，我们可以通过道具和戏服来强化我们所扮演角色的真实性，使观众信任这个角色。我给大学生们上课的时候，我会穿有领衬衫、得体的西裤和合适的鞋子，便于我和学生在课堂上讨论课堂情境。当你去拜访你的律师时，你期望他穿得职业一点，而且他的办公室里全是装裱过的执照证书和学位证书，还有许多厚重且读不懂的书籍，办公桌上摆放着可靠的银行家们常用的抛光黄铜灯台。如果是想给孩子的生日会寻找一个魔术师或者小丑，那你会希望在他的办公室里看到的事物不是太严肃。你可能会穿一件商务西装，然后再戴上一个樱桃红鼻子，但这都不是剧本的一部分。很显然，外表对于自我的呈现很重要。因此，当伯克利分校的教授问我对于自己的研究戈夫曼会说些什么的时候，他其实是在问，我们在卧室、办公室、音乐集以及网上找的道具究竟是戈夫曼指的角色扮演道具还是自我的真实呈现呢？

从表面上看，他的观点有些道理。卧室的主人没有理由不用策略去装扮自己的空间以求留下一个好的印象。再稍稍加把劲儿，就像《雷切尔文件》里的查尔斯·海威一样，房间主人就能营造一个环境，借此反映出他们认为能够吸引到他人的一些特质。他们可以展示社交中的理想符号（例如：一个公共服务奖），他们可以制造行为痕迹（一张铺好的床），他们还可以欺骗性地放一些自己根本就不打算用的物品（一个滑雪板），然后再将社会上不太推崇的行为证据——或许是一个捆绑设备——隐藏起来，这些都可以看成是印象管理。当我开始观察卧室时，我担心房间主人会给我留下一个设计好的完全错误的印象。因为他们知道评估组什么时间会来，所以在评估组到来之前他们很容易便将房间收拾整洁，这会给评估组一个错误的印象，使评估数据的准确性降低。

如果所有的卧室主人都努力表现出良好的一面（而且有能力这样做），那所有的房间就应该都是完美无瑕的。但是我们并没有发现这 83 间卧室统统都是干净、整洁、有序的。相反，它们之间的差异非常大：在一些卧室里，观察者需要在满地的脏袜子和没吃完的剩饭之间小心前行；在另一些房间里，我们的判断者们会看见刚洗好的袜子被卷起来放在专门放袜子的抽屉里，目光所及之处都是一尘不染的。即便房间主人的确提前整理过房间，也不能掩盖所有的真正的不同：整洁的房间和刚刚收拾过的房间。

如果你并不是一直都过着整洁的生活——当你用完物品时，你会将它们放回原处，实施一种内衣管理方式，在物品用完之前就提前储备——你的房间可能就不是真正整洁的。就算你可以把袜子藏起来（即使这样也瞒不过我们的观察者，他们会趴在地上，察看床底），并且把书柜上的灰尘清扫干净，在短期内只能做到这样。用不同的颜色标记你的文件夹，安装一个鞋子收纳柜，把你所有的文件资料归类，所有这些需要花费不止一个下午的时间。想要有一间真正整洁的房间需要靠持续不断的行动来维持。但是匆忙的一个小时或者一天两天的打扫，最多能呈现一个收拾过的房间。不管我们怎么努力，我们个性中的许多部分都是掩盖不住的。研究表明：我们不能简单地扮演我们选择的任意角色——悲哀的是，我们不可能成为詹姆斯·邦德[①]或者劳拉·克劳馥[②]。至少这是没有说服力的。

显然，我们刻意而为的事情比我们下意识所做的事情更容易伪造。因此，身份标签有巨大的欺骗潜能。如果我想伪装成一个保守党或者自由党或者女权主义者或者虔诚的教徒，我很清楚自己需要做什么。为表达政治倾向，我会赞扬罗纳德·里根或者肯尼迪家族中的一员这样的政治偶像。写着“行为端正的女性很少创造历史”（女权主义者劳拉·撒切尔·乌尔里奇[③]的名言）的T恤衫或者是汽车保险杠上的基督教的象征——一条鱼。这些都能够明显传达出我想要表达的信息。但是制造行为痕迹更困难一些，因为，它是行为疏忽导致的结果，通常情况下是你没有意识到的。如果一天早上我冲出房门之前匆忙打开百叶窗，我并没有意识到叶片是不整齐的，因为我关注的点是这个任务本身（让光线照进来，然后赶紧去工作），而不是那个无意的结果（不整齐的百叶窗叶片）。

设计出一个伪造的身份是比较困难的，因为我们的真实个性会展现出来。有一些事情是我们自动去做的。在《大逃亡》这部电影中，第二次世界大战时战俘集中营的一些母语为英语的战俘打算一旦逃脱，就潜身进德国社会。他们

① 詹姆斯·邦德，虚拟人物，是《007》系列小说、电影的主角。
② 劳拉·克劳馥，动作冒险游戏《古墓丽影》系列及其相关电影、漫画、小说的女主角。
③ 劳拉·撒切尔·乌尔里奇，美国女历史学家。

努力学习德语，也准备应对德国人用来甄别外国人的把戏（至少根据这部电影是这样的）。聪明的德国人会跟嫌疑人说英语，看他们是否会用英语来回答。这种甄别方式依赖的是：人们总是倾向于用母语回答问题。大体上看，观察卧室或者办公室最吸引人的地方就是大量的证据——工艺书收集或者用旧的露营装备——这些都是很难伪造的。这就能解释为什么房间主人已经知道我们会来，而且可以在我们到来之前把一切整理好，但是卧室之间还是会有很大区别的原因。我们看到的很多事物都是源于草率的行为。

要是房间主人决心创造一种有序的、品格崇高的形象，他们会怎么做呢？收拾房间，把停车票藏好，再把《人物》换成《纽约时报》？事实上，创建一个好形象并非易事。将书籍收集整理好需要花费数年的时间；购买登山设备很昂贵；如果想让这些设备看起来像是用过的，那它们必须是真的用过。要有在尼泊尔远足的照片那你需要真正去尼泊尔并且进行远足；要想墙上挂满社会荣誉奖，就必须先得到这个奖；一本有用的备忘记事本须有人经常翻阅。将在居住空间里创建一个不符合实际的形象所需要付出的努力比在一次面谈或人格调查问卷中展示的好形象需要付出的努力更多。如果你只是回答问题，你可以很轻松地宣称自己喜欢阅读，喜欢冒险和异域旅行，是一位好学生，是一个非常有序的人。因此，在所有我们能了解他人的方式里——会议、访谈、行为测试以及人格调查问卷——卧室就是最能够提供有效信息的场所。

一条毛巾的正确位置

创建一个伪造的印象很困难的另一个原因是人们的标准是不同的。对一个人来说很明显的事物可能会被另一个人忽略。我们的人格不只体现在我们的行为上，还体现在我们看待世界的方式上。也就是说，跟那些闲散的、没有理由惊慌的人相比，焦虑的人不仅在面对压力时会坐立不安，而且他们会看到更多的危险、威胁和要担忧的事情。这同样适用于责任感特征。

在这方面得分较高的人和其余的人有不同的标准。我参观丽莎的家时就认识到了这一点（第四章中提到过），当时我跟她还不熟悉。她坚持让我到处看看她的房间，从她的房间的有序性和没有什么凌乱的事物上就可以看出她在责任感方面分值较高。我把自己的分析跟她分享了。丽莎显得有些困惑，她问我是怎么得出这个结论的。我指出，就凭借房间里的所有东西都放在应该放的地方，这个房间很干净并没有杂乱之处。她反驳道，要在这么小的地方放那么多的东西，所以她不得不这样布置。

不是！如果你在责任感方面的分值比较高，看上去不证自明的是，你需要控制混乱，所以，让一切变得有序是你优先考虑的事情。但是我去过大量的房间，本来很明显的不证自明的观点却在满地的混乱中消失。我向丽莎指明，不是所有人都有两条搭配的毛巾，而且都是以相同的折叠方式放在毛巾架上。悬挂的长度也完全相同，而且两者之间的距离正好可以让你拿到下面的纸巾（当然是在一个无可挑剔的纸巾盒中）。我预测，如果我把其中一条毛巾拿开的话，它们很快就会被放回到原来的位置。她认同我的预测。我跟她说，她认为毛巾应该有它正确的位置这种想法本身，就是她的高度责任感的体现。

我意识到一个与上文类似的观点，几年前，一个我一直认为井井有条、准时而且仔细的同事说她自己开始变成一只懒虫，很晚才去上班，不用心备课。我感到很吃惊，但很快就不吃惊了。就在她描述自己实际做了什么事之后，我意识到她对于懒虫的定义与我的完全不同。按照她的定义，她说的懒散就是她早上9:00的课，她8:45到教室，而不是以前的8:15。不仅这样(在她看来)，她真的很懒散，因为现在只是提前三天备课而不是像之前那样提前一周或者两周。对于我们这些在任务到期的前一个晚上才会把任务干完的人来说，我们做梦也不会想到在早上九点安排一节课。她的行为看上去很有责任感。我们交谈之后，我发现我们看待世界的方式非常不同。

近来，我正在给我的博士生班讲授我的研究，我告诉他们，我的书桌现在是一片狼藉。我的另一位老师反驳说："不，不是那样的。"学生们现在想知道，我的桌子到底是整洁的还是混乱的。没有必要争吵，为了解决这个问题，我们18个人站了起来，上楼，走进我的办公室。我和我的同事站在一边，为马上收到的整洁评估辩论感到高兴。当然，并没有这样的辩论。有五位同学对我的组织能力印象深刻。六位同学惊讶于眼前的状况：这种情况下居然有人能做到这种程度。剩下的其他人则介于这两者之间。这么简单的一个判断却会产生如此大的分歧，我是不是应该表示担心呢？如果在办公室是整洁还是混乱上还不能达成一致，我们怎么能有立场说整洁(或者空间中的其他特征)能够反映个性？幸运的是，我的研究中的那些判断者在房间是否混乱（或者装饰过、洁净的、快乐的）方面能够达成一致。他们能够达成强烈一致的秘诀是他们有如此多的房间可以比较。不仅仅是想想这个房间是不是比自己的房间更乱，他们还会将这间办公室与看过的20间办公室相比较。这也就解释了，如我们在第九章中将看到的，为什么你需要在进行评估时尽可能多地去观察用于比较的房间是很重要的。

不同的标准暗示我们如何评估观察的有效性。想一想我的那位掉进错失旋涡中的"懒散"同事吧，她现在仅在课堂开始前的十五分钟才去上课。如果去她（无懈可击）的办公室四处看看，并且与她分享我的诊断结果：她是一个有责任感并且负责任的人。她可能会反驳说，自己经常很晚才去赴约。但是如果泰格·伍兹（Tiger Woods）告诉我他刚刚打了一轮很糟糕的高尔夫球，我不会根据惯常的标准去评价他打得很糟糕。同样，我也不会根据同事的高标准的责任感来判断我同事的自我评估。

所以我应该转向哪里去寻找精确的解读呢？关于跟责任感相关的特征和行为，我问了一个朋友。为确保艾木波能准时出现去看电影，是否需要将电影开始的时间说早二十分钟？考特尼的朋友是否知道自己寻找备用邮票的时候，找她就一定能找得到？实际上，我们对于自己责任感水平的看法通常是来自于我们与朋友和同事的接触。我们是否总是发现自己是第一个出现在会场的人？或者最后一个出现的人？

为了说明不同个性的人是如何不同地看待这个世界的，请想象你与一些互不相识的人一起来到一个会场，一个重要的人物来晚了，所以等待者白白浪费了十五分钟的时间。很可能有人（多半是外向的人）会开始闲聊起来，然后其他人也加入进来。但是内向的人可能仍然会保持沉默。你怎样看待那些喋喋不休的人还有那些安静坐着的人？根据丹尼尔·艾麦思的最新研究，你的反应会在很大程度上取决于你自己的个性。艾麦思表示，内向的人和外向的人对于人们的行为会有截然不同的看法，这很优雅地展示了不同个性的人是如何看待这个世界的。当我在自己的教室里展开艾麦思的研究时，我也发现了相同的结论：外向的人一点都不会掩饰他们对于那些不说话的内向者的蔑视——这些内向的人非常自私地拒绝让讨论活跃起来。他们很难理解他们的哑巴同事为什么就不能承担一点儿使话题进行下去的工作量。与此同时，内向的人也看不起那些说话喋喋不休的人，他们认为这些人为什么不等到有值得说的事情的时候再开口说话呢。

所有这些都表明，不同个性的人看待世界的方式也是不同的，而且想要伪造这些不同点是很难的。一个真正有秩序的人会发现，在自己的办公室一团糟的时候他们很难专注于自己的工作。但是那些假装很有秩序的人，可能连自己书架上的书没有用字母排序都不知道。这些观念上的基本差异很清晰地显示出我们创造假象的能力。为了伪造成一个具有高度责任感的人，我会做所有显而易见的事情，如：整理书桌，整理书籍，削铅笔，将桌子上面和下面乱成一团的电线理顺。但是我还是会遗漏一些东西——我甚至没有注意到门边架子上的书籍排列方式与窗户下边书架上的排列方式不一致，或者我没有将原料的盒子盖好，或者是桌子日历上的预约和我自己创造的颜色系统不一致——生日应该用绿色墨水标记，而另一个应该用红色标记。为了向自己证明：责任感维度一端的人和另一端的人对世界的看法不一致，你应该问问一组人，是否他们都有备用邮票。当我向我的学生们提出这个问题时，在责任感维度高分数值一端的人会充满疑惑，问我为什么会问这个问题，因为很显然他们肯定有备用邮票。而处在责任感维度低分值区的学生们也同样疑惑：究竟为什么每个人都要带备用邮票？

看似很好与看似真实

正如我们所看到的，房间通常能够准确地反映房间主人的真实信息。这是因为房间主人正试图创建假象但是失败了，还是因为他们甚至都没有尝试？这个问题切入了社会心理学中一个最基本的问题核心——人们希望被他人了解吗？最终，你是否希望人们按照你所希冀的方式来看待你，还是希望看到更真实的你，不掩饰任何的缺陷？

答案显而易见：我们通常会希望别人用积极的方式看待自己，但是有一个观点——被称作自我验证理论——认为这种希望并不总是真实的。它显示，我们更希望他人对我们的看法与我们对自我的看法一致，不管我们对自己的看法是积极的还是消极的。因此，如果某人认为自己没有创造力，即便他认为这是不好的一种品质，他也会将这种缺乏创造力的方面展现出来。

自我验证理论的创造者比尔·斯旺（Bill Swann）（从我的办公室沿着过道走下去就是他的办公室）和他的同事从事的大量研究表明：人们从各种各样的情况中寻找自我验证的反馈信息。这项最有力的研究证明即便是对自己有消极看法的人都希望自己的消极面得到证实。在一项分析人们对涨工资的态度的大型研究中，那些自我感觉良好的人对于涨工资表现得很兴奋，但是那些缺乏自信的人对涨工资没什么感觉，因为他们觉得自己是有价值的，而他们的价值要远远超过所涨的工资。实际上，涨工资后比涨工资前，他们更容易离开公司。

从另一个过道走下去是我的另外两个同事：鲍勃·约瑟夫斯和他的合作者普兰吉·梅塔，在他们的研究中也发现了类似的情况。他们主要研究在一个可以造假的比赛中，有控制欲和顺从的人是如何看待成功与失败的。他们邀请了几组参与者到他们的实验室，要求他们在一个大型的格子里通过连贯的数字追踪一条线。为了使这个任务更有意义，他们告诉研究对象，这项研究是衡量空间智力的，是常规智力的一个重要组成部分。在竞争的环境下，双方参与者同时拿到一个谜题。只要改变格子的形式就可以轻易地改变任务，这样一来，实验人员就可以秘密地决定让哪一方赢得比赛。

梅塔和约瑟夫斯预测，雄性激素水平高的男性和女性会渴望得到高的地位，而雄性激素水平低的男性和女性则喜欢低地位。根据这种“不相称”的假设，当人们的表现与他们认为他们属于的社会等级不一致时，他们会感到有压力，感觉不好，做测试的时候也会表现不好。在一项采用可造假的寻找数字比赛中，高雄性激素的参与者在失败之后会比成功时感受到更多的压力（根据他们体内皮质醇应激素的增长显示）。但是，对于那些低雄性激素的人来说，胜利比失败更折磨人——低雄性激素的胜利者在后来一系列逻辑问题中的表现还比不上那些失败的人。成功比失败更让他们烦恼！这些研究结果集中起来就表明，人们宁愿得到与他们的自我感觉相一致的反馈，即便是以牺牲他们看待自我的积极方面。这是为何偷窥能如此有效的另一个原因。

个人网页是一种欺骗吗?

一个特殊而有趣的观察历险经历再次证明了人们想要表达真实自我的想法。我和之前的一个研究生西麦尔·瓦泽尔都非常想知道，如果有机会，人们会利用身份标签来表达一个真实的自己还是会把自己描绘成理想世界中自己想成为的样子，我们对这一点非常感兴趣。为了证实这个观点，我们需要一个环境，在那个环境中，身份标签很容易伪造，不受不易控制的行为痕迹效应所束缚。我们意识到，个人网页是一个理想的场所——网站上的每一个因素都会刻意而为，很少会有因为意外或忽略而呈现出来的。

与那些纯属娱乐或者只有亲密朋友才能进入的网站相比，身份标签在专门做给他人看的网站上显得更为明显。我们的研究只选择那些罗列在只需要人们上传他们的总结的页面。所以，我们很快就发现，网页上通过某种媒介表现出来的身份标签能够反映价值、兴趣和目标，包括：关于用户政治信仰的文档证明、用户冲浪的视频——这是一项对他的自我认识很重要的活动，斥责足球规则里那些最新怪招的博客，著名电影导演和其他英雄的照片以及其他的象征符号——代表对宗教、民族、文化和政治群体的忠诚。

如果你花时间浏览个人网页——我鼓励那些想要成为观察者的人这么做——你将会因你发现的大量信息而感到惊讶。例如：一个名为克里斯蒂娜的女人的网站上涵盖的信息就包括她的休闲时间、她的政治信仰、她的诗歌、情绪变化记录和一些讲述当前个人事件的文章。其中还包含家人（几代人）、假期、宠物、花园、厨房和汽车的照片以及一些她敬佩的人，心仪的地方和事件的图像。网站上还列着她喜欢的电影、书籍、音乐家和电视节目，她还给它们排了名。

第二件会让你震惊的事是丰富的种类。伊利斯在网站上刻薄地批评了某些宗教运动的不足；斯文为了自己的朋友和家人在网上记录自己的日常生活；威廉的网站首页是黑色的，非常简单，只有三个艺术符号可以连接到其他页面——“艺术”“思想”和“自我”；劳拉的首页则是完全不同的——五彩的明亮字体混杂在一起，一个慌乱画成的房子上面是乱七八糟的符号。

我们随机选择了一些网站，并把它们保存在电脑上（我们保存网页时并没有联系主人，因为我们不希望他们在知道我们要针对这些网站做一些研究后对页面进行更改）。然后我们联系了网站的主人，并且询问他们是否愿意加入我们的研究（如果他们不愿意，我们会把保存的网页删除掉）。随后，我们问他们是怎样看待自己的，以及希望别人如何看待他们。

接下来，我们重复了对我们的卧室和办公室进行观察研究的程序。但是我们这一次要观察的不是物理环境，而是虚拟环境。我们招募了判断者，并让他们去浏览网页并形成对网站主人的印象，了解他们是什么样的人。然后我们将他们的想法与网站主人的自我认识和他们认为的理想自我进行比较。我们发现，判断者们的想法与网站主人的自我看法更为一致，而不是理想状态。这再一次表明：人们希望别人看到自己的本来面目，而不是他们的理想状态。我们的研究开始于聚友网（MySpace）[①]、Friendster[②]和“脸书”（Facebook）这类社会互助性网络体系出现之前，但是你在这些网站上还是能看到相同的结果，甚至更明显的结果。人们并不满足于这些标准的类别，他们通过创造调查问卷来补充个人基本信息，以期呈现出一个复杂且将他们描绘得细致的肖像。

人们似乎渴望他人了解自己。但即便人们并不渴望，他们也不可能有令人信服的策略。尽管给别人一个关于自己的假象是一件很容易的事情，例如，你可能会宣称自己喜欢古典音乐，其实你不喜欢——但是不停地制造这些足以制造假象的线索是很困难的。想要复制一个真正的古典音乐爱好者的其他行为是很困难的——他们书架上的书、他们收听的收音机的频道（不只是古典音乐频道）、墙上的艺术品、垃圾桶里的东西。这就是为什么演员要用几个星期才能进入角色的原因。想要让人信服地塑造一个角色，你需要了解这个人的思考方式、生活方式以及他是如何看待这个世界的。

作为对我们最初网站研究的跟进，我们对脸书上的照片进行研究。在这项工作中，我们发现了制造伪装印象的另一个障碍。除了他们的外向程度之外，人们根本不知道他们的照片会传达出怎样的个性线索。如果连你自己都不知道别人对你的看法，你怎么去伪造自我形象？

我们研究的另一大发现是：网站的确是一个了解他人的好地方——或许是最好的地方。我们通过网站观察的信息至少比我们从卧室、办公室以及音乐集研究中了解到的信息准确。而且与其他领域相比，我们可以通过网站在更广泛

① MySpace，聚友网，成立于2003年9月，是目前全球第二大的社交网站。
② Friendster是全球最大的社交网站之一，成立于2002年。

的个性类别中获得准确信息。例如，当我们谈到大五人格特征的时候，观察卧室主要能揭示开放性和责任感。观察一个人常听的 10 首歌对于了解开放性、外向性、情感稳定性这三方面的信息很有帮助。但是网站已经被证实可以用于五个方面的特征研究。

愚弄我一次

我们可以从人们能够掌控他人看法的范围之内学到各种各样的东西。首先，一些情况尤其容易影响控制。在一些你可以掌控的信息流，例如工作面试或者是约会，你或许能很好地控制别人对你的看法。我曾经面试过一个研究助理，他保证说他是一个仔细的记录员。但是刚上任一周，我便发现他不是这样的。恰恰相反，如卧室和办公室这样让观察者感兴趣的地方是不容易伪造的。因为随着时间的沉淀，这些地方已经累积了大量的信息——想要清除掉如此多的信息是非常困难的，而伪造大量的并不真实存在的个性特征信息就很难了。因此，当根据被控制的可能性去解读这些线索的时候，按照下列三种类别去考虑比较有效：

类别 1：线索是最容易控制的——它们是直接的信号，线索的首要目标就是发送信号（在公告板上展示同性恋自豪感的彩虹符号）。

类别 2：线索是对环境的直接改变，但是信号的传达并不是有意而为的（营造一个舒适的空间）。

类别 3：最难控制的线索是我们不注意时发出的信号，它是我们行为的副产品（窗台上因疏于照顾而干枯的植物）。

其次是，尽管通常情况下，我们很难在物理环境中伪造个性线索，但是一些特征会比其他特征更难伪造。根据痕迹来判断特征，例如整洁暗示着责任感，比根据身份标签来判断更加困难。身份标签相对而言更容易改变，比如一张很明显的马克思主义者切·格瓦拉的海报表明了其“左”翼的观点。

在后面的章节中，我将对这个观点进行详细的描述。但是现在我要给你以下快速观察的建议，希望能够帮助你看穿那些想要误导你的人设下的烟幕。第一，查看一下传输信息的一致性。切·格瓦拉的海报是一个好的开端，但是书架上的经济类书籍和夹克口袋中的百老汇音乐剧票根是否可以用来作为支持这幅海报的证据呢？如果不能证明，那这幅海报就有可能成为制造假象的线索。第二，如果你知道要呈现某种状态是有动机可寻的，那么你就需要保持警惕。切·格瓦拉的海报是否与即将到来的一位性感的单身的马克思主义者有密切的嫌疑关系呢？第三，我们都知道，即使自己不想把个性暴露出来，个性还是会暴露出来。即使有很多表格的文件系统可能代表着需要保持物品的秩序，但是我们还是需要查看一下这个系统是否实际上被很好地维护着。票据放错了地方？多余的文件上标着“其他”？如果是这样，你发现的可能不是一个真实的文本体系，它掩盖了糊涂的个性。第四，不要让你的观察被房间主人或者房间主人的期望所引导。如果你坐在办公室访客的座位上，你可能只能看到桌子表面，而看不到桌子底下缠绕在一起的电线和十二双鞋子。

警惕！

你要小心警惕。正如我们已经看到的，有时人们真的会努力表现出自己积极的一面。无论是正在假装自己已经在虚构的电视节目中看到了“太空宝宝”，还是谈论没有听说过的人，或者是事先偷偷地把回形针放回盒子以显示自己的责任感的人，所有这些都表明，人们打算混淆你对他们的看法。此外，有些人在这方面比其他人显得更加突出。自恋的人甚至会打算让人们相信这些借口是真的。然而，这种希望还是有的。首先，像保鲁斯的过度宣称问卷调查方法就可以识别这些自我夸大的人。其次，作为一个观察者，你可以关注那些用来忽悠你的符号——例如易于伪造的身份标签和不易伪造的行为痕迹之间的差异性。最后，也是最重要的一点，正如我们看到的，研究直接指向这一结果：人们不会故意去制造自己的假象。他们有可能会有一点夸张，但也仅仅是夸张罢了，不会存在大的欺骗性。在马丁·艾米斯的《雷切尔文件》中，查尔斯·海威最终也不能控制人们对他的看法，从长时间来看，人们就不相信他那些假把式。

作为一个观察者，你需要做的不只是把假的去除掉，你必须构建出真实的情况。非常典型的就是，你最开始的构建是基于真实的常识。这些框架是用传统方法建立的。尽管这些传统方法更广为人知的是它们的负面影响，但是它们给了我们一个出发点，我们从这个出发点去分析那些每天都会折腾我们的大量数据。这些认识捷径通常是需要基于一些事实依据的，而我们在还没有确切的信息时还是会采用它们。常识对我们的认知是至关重要的，因为它们为检验我们的经验提供已知的范例模式。任何一个对于观察科学感兴趣的人必须对此有一些了解。我会在下一章中解释原因。

第　七　章

忠于常识还是保持怀疑的态度，这是个问题

我从小在英格兰长大，所以对关于周边国家的刻板印象还是有一定了解。有一些刻板印象几乎已经被社会认可接受，它们甚至还延伸到了电视节目和广告之中。这些印象包括详尽的记录，描述在与德国人、意大利人或者法国人互动交流时你能够预料到的情况，你应该很不幸地遇到过这种情况。

我长大后，许多英国的男孩和女孩都有一种针对德国度假者的传统看法。这一老套的看法始于地中海沿岸，或许是在希腊度假的一个无望的无序英国家庭。在第一天晚上，当孩子们很快地吃完了希腊鱼子泥沙拉，他们的父母小啜着茴香烈酒的时候，一家人开始懊悔：以前度假时，他们总是很晚才到海滩，都找不到可以晒日光浴和建造沙滩城堡的地方。由于受到这些痛苦回忆的刺激，一家人决定明天早起，在沙滩上抢一个最佳地盘。天刚蒙蒙亮，双眼迷糊的父亲母亲便将孩子们叫醒，把他们塞进租来的车的后座，装上浴巾、沙滩排球、水桶和铲子。抱着极大的决心，这对父母向沙滩驶去。在转错一两次弯之后，他们最终找到了靠近沙滩的停车场。他们带上了所有的物品，冲向沙滩后才发现，最好的位置都已经被高效的德国人霸占了，着实令人愤怒。德国的小孩畅快地游完泳之后，大步从沙滩走过，他们的父母也完成了晨练。那个英国家庭只能认命，慢吞吞地走到破败石头比较多的一片沙滩，并安慰自己说如果能爬上旁边的排水管，就可以看到海上的景色。

这个老套传统的故事讲述了一些英国人的无能，他们愿意坚忍克己地忍受着非常有组织的德国人。但是这已经是根深蒂固的理念了，英国人在为德国汽车制造商做广告推广的时候就融入了这种看法。在围绕欧洲进行巡回推广的时候，解说者称赞了这款跑车的性能之后又说："如果你想比德国人早一步到达海滩，你最好买一辆奥迪车。"刻板印象是什么呢？除了打趣邻国的居民以外，这句话还有什么用呢？

咆哮的怪兽

想象一下你正走在丛林中，你听到了一声老虎的咆哮。你转过身，躲进附近的灌木丛，然后你看到了老虎的尾巴。尽管你没有看到整个老虎的身躯，但你敢断定你就是处在遇到老虎、随时会有危险的境地，它就是一只老虎，而不是迄今为止还没有被发现的物种，有老虎的尾巴和叫声。遇到老虎，最明智的做法就是赶紧跑，或者是做出你认为应该有的反应（如果这真的是一个有老虎尾巴的怪兽，你可能就错过了本世纪的生物发现）。这个例子说明，我们在不能获得全部完整信息的时候，会依靠我们的固有常识来填补这个空白。而且，我们每天接触的认知大多数的时候是不完整的。如果你不是靠固有常识，你可能会招架不住的。因为，你会把每一件事物、每一个人、每一种经历都看成是一种全新的体验，而不是更广泛级别的一部分。

用这种方式来看固有常识——假设我们对特有的东西（人或者事物）并没有直接的体验——允许我们在形成印象的各种形式中看看它们有多么普遍，我们又是多么频繁地在使用这种常识。没有这些固有常识，我们不能在大街上行走，也不会吃三明治。当你到新城区的时候，你怎么知道当你踏上脚前面的踏路板时，它会抬起来？你之前可是从来都没有把脚放上去过。你是怎么知道它不会陷下去，或者着火或者飘走呢？或者你为什么相信你将要吃的三明治是可以食用的呢？ 你之前可是从来没有吃过这种三明治。面对这样的事实，你会通过概括来指导你的互动行为。你是根据对人行道和三明治的固有看法来做出判断，而不是将它们当作独一无二的个体实体来对待。但是如果有人责备你传统老套，这很可能是基于某个人所属的群体来做出对这个人的假设的（比如，非裔美国人、犹太人、同性恋者或者是德国人）。

还有什么类似于德国和英国度假者这样传统的固有看法吗？这个问题很难回答，因为人们会用不同的标准来判断行为。这让我想起我的那位自称为懒人的同事，她觉得自己懒散仅仅是因为自己没有提前半个小时来到办公室。因此我们不能通过一个有责任感的人对自己的评价来看待责任感。同样，有着不同文化背景的人判断行为的标准也是不一样的。在瑞士比约定的时间晚到一分钟也算是迟到，但是这在巴西人看来却是可以接受的。因为转换标准导致的问题使得一些研究者采取了一种更加客观的方式：他们以自己可以衡量的事物，通过将各国进行比较来研究国家传统的固有看法。

从一个国家到另外一个国家旅行最明显的不同就是生活节奏的不同——在一些国家所有的人看上去都处于兴奋的状态，当地人很明显地匆匆奔走于各种场合，忙于完成各种任务。在另一些地方，市民无精打采地从一个休息场所晃悠到另一个地方，看上去比水还要平静。秘鲁人甚至有个“hora peruana”，即秘鲁时间，这比正常时间要晚一个小时。秘鲁人的时间观念比较散漫，秘鲁政府为了提高国家声誉还办过一次名为“la hora sin demora”，即“杜绝延迟时间”的运动。

罗伯特·列文是加州州立大学弗雷斯诺分校的心理学家，他对不同的生活节奏很好奇。一些国家的生活节奏是否比其他国家的生活节奏要快？为了将世界上不同国家的人做日常活动的时候的速度进行比较，列文训练了一组秘密的研究人员。那些阿姆斯特丹、都柏林、雅加达、里约热内卢、索非亚、东京和其他 25 个大都市的居民们仍然正常地过着他们的日常生活，而研究人员已经暗中在这些地方开展战略部署。

他们在人行道上测量出距离他们的隐藏点 60 英尺的长度， 然后躲起来用秒表计算当地人的步行速度。接着，没有被发现的研究人员又前往市区银行记录时钟的准确性。最后一项测试是计算从当地邮局购买邮票需要花费多长时间。结合这些简单测试的结果，列文将这些城市的生活节奏进行了量化。哪些国家处在前列？生活节奏最快的是瑞士、爱尔兰和德国。生活节奏最慢的是墨西哥、印度尼西亚和巴西。所以如果你知道新的合作者来自巴西，就算你不知道他的其他信息，你也很有理由相信他或者她比你的瑞士同事在对待时间上更随意一些。表 7.1 是列文研究中所涉及的全部国家或地区——从生活节奏最快的到生活节奏最慢的。

表 7.1　31 个国家或地区的生活节奏（从最快到最慢）

最快的 :1. 瑞士	16. 美国
2. 爱尔兰	17. 加拿大
3. 德国	18. 韩国
4. 日本	19. 匈牙利
5. 意大利	20. 捷克
6. 英国	21. 希腊
7. 瑞典	22. 肯尼亚
8. 奥地利	23. 中国
9. 荷兰	24. 保加利亚
10. 中国香港	25. 罗马尼亚
11. 法国	26. 约旦
12. 波兰	27. 叙利亚
13. 哥斯达黎加	28. 萨尔瓦多
14. 中国台湾	29. 巴西
15. 新加坡	30. 印度尼西亚
	最慢的：31. 墨西哥

你将在这个表格中看到一些基本的模式。列文发现，生活节奏和这些国家的其他许多特征相关联。生活节奏较快的国家气候比较寒冷，经济产出率比较高， 吸烟率也比较高，而且有较高的冠心病死亡率。

地域对个性的影响

对来自不同地区的人的固有看法比对来自不同国家的人的固有看法要细致得多。想想我们对来自某些城市或国家的人的固有看法，比如神经质的纽约人，懒散的加利福尼亚人以及以白面包著称的美国中西部人。凭直觉我们知道来自不同地区的人应该是不一样的——但原因是什么呢？一个原因是不同的生活环境可以塑造人不同的个性，因为环境能够给人提供不同的机遇。物质和文化环境会影响人们的活动和相互作用，从而改变生活在那里的人的个性。例如，在农村地区长大的孩子与在城市中或者沿海地区长大的孩子相比，他们没有地铁，没有拥挤的人群，也见不到陌生人。黑兹尔顿市和爱达荷州的孩子很少跟陌生人挤地铁。我看了一下最近的调查，发现艾奥瓦市很少举办沙滩聚会。在艺术氛围比较浓厚的城市培养对于当代艺术的兴趣比在小城容易，小城唯一繁荣的东西就是玉米。

环境原因只能解释地域差异固有观点背后的部分真相，因为人们适应的范围总是有限的。在红色之州[①]的自由主义者可能多少能够调和一下自己的政治观点，但是最终还是会到达极限。当这种极限到来的时候，最好的解决办法可能就是搬到一个符合他自己个性的地方。我在旧金山海湾区度假的时候就看到了地理位置的改变对于生活的影响。晚上，我体内的咖啡因含量降低的时候，我通常会去斯坦福大学的咖啡屋去做一点工作，再喝杯拿铁咖啡。有一次，邻桌一群学生的对话触动了我。就在几天之前，我在旧金山的卡斯特罗主要的同性恋地区也看到类似的事情。在这里，人们终于找到了使他们宾至如归的感觉。

---

① 红色之州，红州与蓝州是指美国近年来选举得票数分布的倾向，表示的是共和党和民主党在各州的势力：红色代表共和党，蓝色代表民主党。

咖啡屋里学生们能够兴奋地讨论着那些讨厌的知识性话题，这在他们的家乡是要受到蔑视的。最后，他们发现了其他也很欣赏这种绝妙的十六进制体系的人（单这一张桌子就有三个这样的人）！在卡斯特罗，我同样能够感觉到那些男女同性恋者的快乐，他们在这里能够释放出真正的自我。

实际上，当人们获得社会和财务自由去尝试控制自己的生活的时候，那些他们自认为合适的地方能够吸引到他们。在理查德·佛罗里达（Richard Florida）[①]的影响力书籍《创意新贵》（*The Rise of the Creative Class*）中，他举了一个有趣的例子：人们——尤其是有创造力的人——选择居住地时不仅仅是出于经济方面的考量，如高收入的工作或者有力的房价，还包括他们能否适应这个地方。有一个非常有说服力的例子，佛罗里达描述了自己在卡内基梅隆大学的校园里遇到了一个年轻人，他的身上有穿洞和文身，而且头发染得五颜六色的。这个学生马上就要毕业了，在拒绝了匹兹堡的一些高科技公司的邀请之后，刚在得克萨斯州奥斯汀市找到一份还不错的工作。佛罗里达不禁想，为什么这个年轻人不选择拥有多家博物馆而且是文化集合的职业运动发展地，以及其他一些资源的大城市，反而选择了得克萨斯州中部一个比较小的城市呢？

这个年轻人的回答直接揭示了事实：奥斯汀让他感受到家的感觉。匹兹堡的确有非常棒的交响乐和歌剧，但是这不是让他感觉到舒服的地方。他希望周围都是有相同看法的人，他想要的是，生活的地方会让他的反文化外在和价值观都能成为一种优势，而不是阻碍。当然，只要到达他的新工作岗位，他将成为这里地标的一部分，吸引着下一批认为自己与家乡格调不一致的人。奥斯汀

① 理查德·佛罗里达，创意阶层集团创始人、世界著名创意经济学家。

对于这个染着头发的男生的吸引力、斯坦福对于书呆子的吸引力以及旧金山对于同性恋的吸引力，部分在于他们期望自己的新家能够影响到自己。你的生活观将受到你的居住环境的塑造。在危险的芝加哥这种周围全是陌生人的地方，人与人之间的信任要比在小城市中少很多，因为在小城市你遇到的每一个人都在你出生时便已经认识你了，这也是很关键的因素。一个居民和文化都具有多样性的环境确实会比高度单一的地方更能给人们提供开阔眼界的机会。

通过这两个过程——某些人被吸引到某个地方，然后这地方又会反过来影响生活在这里的人——人们的个性和他们的居住环境之间的关联便显现出来。所以如果你对一个人一无所知，你可以仅仅通过他们的居住环境对这个人的个性做出初步的推断。尽管确实有证据可以证明这些关于不同地域的一些固有看法的正确性，但是这种确切的模式总是不那么容易辨认。请看地图 7.1 至 7.3，它们是大五人格特征中的三个维度的相对分数分布图。图中颜色越深表明该地的人们在这个维度上的分值越高。你能猜出这三张地图分别代表的是哪三个维度的特征吗?

地图 7.1 最容易辨认，从美国的西部到东部颜色逐渐变浅。它代表的是神经质——展现了伍迪·艾伦[①]式的纽约人和花花公子式的加利福尼亚人之间的区别。这些差异不仅仅能够证实我们的惯有看法。同时，当我的合作者杰森·伦特佛罗（他指挥了这次新奇的研究）对区域人格差异进行了深入研究后，他发现了一些显著的模式。例如，一些在神经质方面得分高的州的居民比其他州的居民更喜欢抽烟，他们更容易患癌症、心脏病、糖尿病和肥胖症；在神经质方面得分较低、更加随和的州，那里的居民懂得放松，他们经常慢跑，也在家里

① 伍迪·艾伦，美国导演、编剧、演员。

锻炼身体。当然，这些偶然的联系是不太清晰的。我们不知道健康问题是不是由高神经质引起的，如果焦虑的人更喜欢抽烟，而抽烟又可能增加患癌症和心脏病的概率，这样来看的话，或许高神经质会引起健康问题。又或许是别的原因引起了健康问题，而健康问题又引起焦虑、压力大和担忧（这些是大五人格特征中的神经质的表现形式）。也有可能存在第三种解释，某些其他的因素共同导致了高神经质和健康问题。

地图 7.2 表示的是美国各州在开放性方面的平均值。地图表明，富有创造性、有想象力、冷静的且能进行抽象思考的人都集中分布在美国的西部海岸和东北部地区，也有零星分布在其他地区的。关于神经质，伦特佛罗认为这些个性差异会在现实生活中表现出来。生活在开放性方面分值较高的州的人们相对而言更喜欢去图书馆以及去参观艺术展，也表现出对其他文化的兴趣。跟其他人相比，他们不怎么去教堂，他们获得了更多的专利，对待性和毒品的态度也相对比较开放。

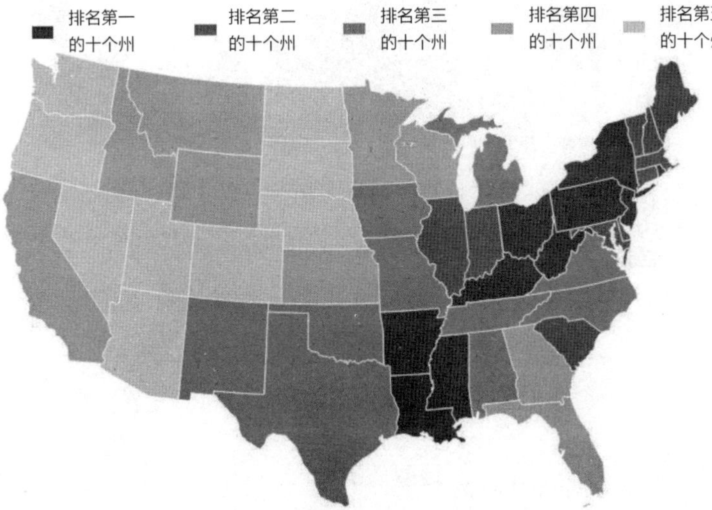

地图 7.1

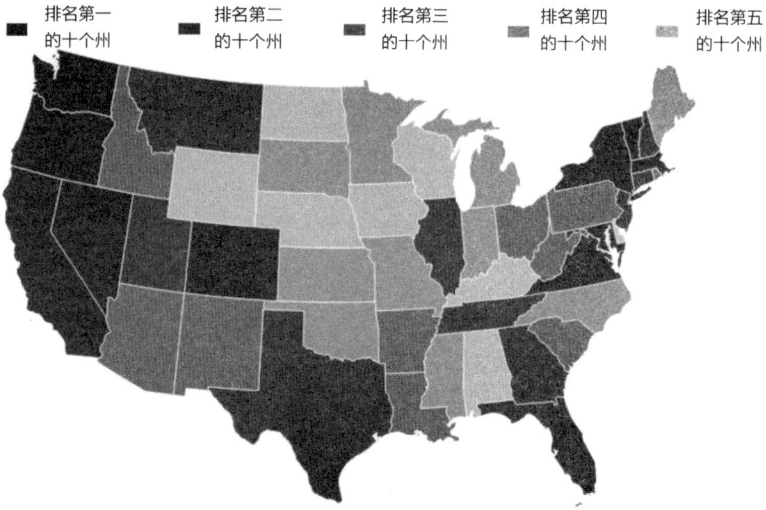
排名第一
的十个州
排名第二
的十个州
排名第三
的十个州
排名第四
的十个州
排名第五
的十个州

地图 7.2

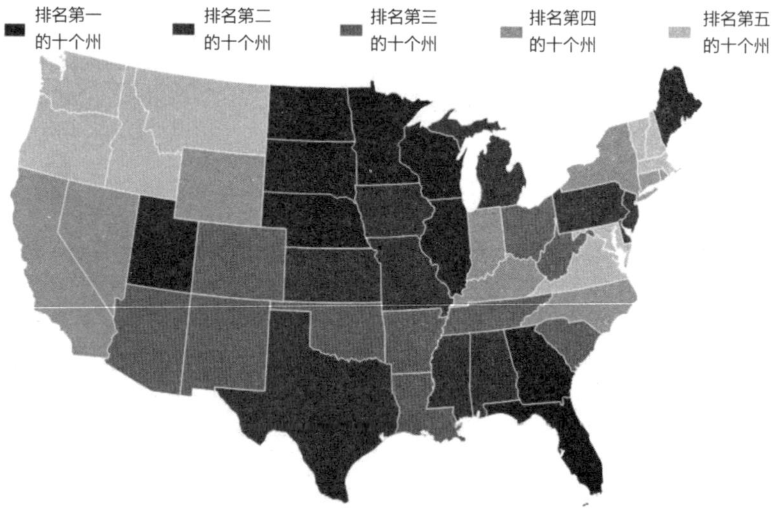
排名第一
的十个州
排名第二
的十个州
排名第三
的十个州
排名第四
的十个州
排名第五
的十个州

地图 7.3

地图 7.3 展示的是外向性。它表明这种特征在中西部地区更为突出。伦特佛罗的研究显示在伊利诺伊州和威斯康星州那些快乐的人比那些居住在其他地方如马里兰州、新罕布什尔州和阿拉斯加州内向的人更加喜欢聚会。他们比其他地区的人更加喜欢参加俱乐部会议、去酒吧和拜访朋友。宗教信仰也是他们生活中的重要组成部分。伦特佛罗在宜人性较低（谋杀和暴力犯罪率很高）和责任感较低（这里的人们工作时间较长，有宗教信仰的人比夏威夷、阿拉斯加和缅因州等懒散的州要多）的州也发现了与此非常类似的结果。

这一过程不仅在全国层面上显现出地域差异，而且在更小的范围内也能显示出差异。想一想你工作的地方，以及人们在这些地方所从事的不同的工作。我们大多数人都会喜欢适合我们的工作。如果让一个非常外向的人去做图书馆咨询台的工作，他很可能会发疯，而他的同事和领导也会因为他的喋喋不休而抓狂。而且外部影响也是存在的：大多数人都不想也不喜欢与不善交际的、脾气暴躁还喜欢挑衅的同事相处。所以那些人慢慢地被排挤到那些不需要接触他人的地方。实际上，我们的研究表明低宜人性的人最终会搬到办公室人流少的地方。我们拜访过这样一间办公室，在宜人性方面得分较低的人已经被从办公室的中枢区域驱逐到了走廊下连我们的研究人员都定位不到的地方。

红色之州与蓝色之州

我和杰森·伦特佛罗从美国人格地图中看到了一些与红色之州和蓝色之州这种人们熟悉的地域划分方式相类似的地方。于是我们开始思考一个州的个性特征是否与其居民的投票情况相关。毕竟，政治倾向是跟基本的价值观和态度紧密相连的。自由主义者认为人都是平等的，跟保守的人相比，他们对社会多样性更感兴趣。而保守的人则更相信传统机制（例如警察和政府），他们更喜欢逐步地改变。纽约大学的约翰·宙斯特和大卫·阿莫迪奥甚至在人们的大脑中找到了相应的证据。在一个被称为前扣带皮质的部位，当人们要求改变一个习惯性方式的时候，其反应表明，与自由主义者相比，保守的人在神经上更抗拒改变。

我跟杰森与约翰·宙斯特、达那·卡尼以及杰夫·波特合作开展了一系列的研究：更加近距离地研究政治和地区之间的关系。令我们吃惊的是，某个州给民主党和共和党候选人投票的数额与这个州的居民的开放性和责任感程度有很深的关系，也与外向性有一定的关联。给比尔·克林顿（而不是鲍勃·多尔）、阿尔·戈尔（而不是乔治·赫伯特·布什）和约翰·克里（而不是乔治·沃克·布什）投票的人，在开放性和外向性方面得分较高，而在责任感方面得分较低。这些发现是对传统智慧的一种挑战，因为传统上主要是依靠社会人口学因素进行预测。我们的研究结果还发现，我们的个性在我们决定将票投给谁这方面发挥了很大的作用。我们是受过教育的，是非裔美国人，是富裕的或者是生活在城市中，这些都比不上我们是开放的、有责任感的、外向的更有可能说明我们会把选票投给谁。

这些发现激起了我们的兴趣。如果民主党人和共和党人有不同的个性，我们是否能从他们在日常生活中的行为和他们在私人空间里留下的证据中找到区别呢？为评估自由主义者和保守的人在面对面的接触中有何不同，我们进行了一项实验，让两个人一起聊电影。实际上，谈话中的一方是一位研究助理。在这样的情况下，自由主义者和保守的人会有什么样的非语言的细微行为呢？结合我们对全美国投票情况的研究，我们对这些录像带进行了分析，结果表明自由主义者更外向——他们更善于表达，也更爱笑，他们在与交流对象的对话中更加投入，而保守的人总体上则表现得更超然和恬淡，在交流中显得有些退缩、有所保留和羞怯。

鉴于投票情况和外向性有关，那就有必要对自由主义者和保守的人在面对面接触中的不同表现进行研究。但是我们针对开放性和责任感与政治态度之间的联系所进行的研究表明，我们还可以从他们的居住场所找到不同。可以非常确定的是，保守的人的房间倾向于包含更多的有组织的秩序化的物品，包括日历和邮票。他们也有很多传统的装饰物和物品，包括运动用品、各种各样类型的旗子，尤其是美国国旗，还有一些酒瓶和容器。通常情况下，保守者的卧室都具有高度责任感和低开放性的特征——他们的房间更加整洁干净，室内的空气更加清新，组织有序适于休息。

自由主义者的房间则反映出其遗留的痕迹与高开放性有关。他们的卧室里面有各种各样的书籍——关于旅行的、民族问题的、女权主义的、音乐的，以及各种各样的光盘，包括世界音乐、民间音乐、古典音乐、现代摇滚和一些经典老歌。自由主义者的房间还有大量的艺术品、文具、电影票、世界地图和文化大事记。

亚当的直觉

当我第一次努力了解人们是如何形成对他人的准确印象的时候，我并不认为这与传统看法有任何关联。但是当我开始分析从卧室和其主人那儿得到的数据时，我不得不重新撕开这些精神的捷径所扮演的重要角色。在卧室研究中，许多发现都是从良好的直觉中得来的，至少事后可以看得出来。我们一般会认为这样很合理，专注于工作并且时间观念强的人会在房间内摆放时间装置——

一些日历、多个时钟、工作清单以及办公工具等。

但是许多发现还是让人困惑。我们发现，尽管我们的判断者仅仅是对一个卧室进行观察，但是他们却非常善于判断房间主人的神经质程度。我们事先并没有对这一结果进行预测，但是在后续的研究中并没有任何房间特征可以将紧张的人和闲散的人区分开来。我们被难住了。

就在我们为这个问题挠头的时候，我想起了亚当·克林格从一个房间出来之后给出的评论，他是我们中判断最为准确的一位判断者。那是一个很小但是相当整洁的房间，床上全是毛绒动物，还有一些不起眼的小装饰品和海报。亚当刚刚将它评价为高神经质。他一边不住地摇头，一边交上评分表。他被这种看似十分简单的事物弄得十分狼狈，他说道："不久之后，这会让你觉得你只是在给一些常规的事物评分。"这是否是神经质评估准确性的关键呢？我在想我们是否可以从人们对男性女性的固有看法中学到一些东西。

我知道，以前的研究已经识别出在个性特征中很多细微但是一致的性别差异。其中，最一致的便是女性在大五人格理论中神经质方面的得分高于男性。女性比男性更容易焦虑、情绪化，也比男性更容易感觉到压力。所以或许亚当是正确的。或许判断者们进入一个房间的时候，他们会得出关于房间主人性别的推论，然后根据固有观念依照性别来评估此人的神经质程度。

判断者们尤其擅长猜测房间的主人。男性的房间和那些属于女性的房间相比还是很不同的。男性的房间里通常没有什么装饰，没有女性的房间那么色彩丰富、令人愉悦、舒适和干净。男性的房间也不像女性的房间那样吸引人，它们没有独特的个性和风格。男性都不太喜欢展示孩子、家人和朋友的照片，日历和镜子都不是最重要的物品。和女性相比，男性没有太多的时尚杂志和书籍，但是他们有更多的光盘，而且会购买更多的音响设备。他们很少使用护肤乳液，但是他们却有很多帽子。女性房间中常见的毛绒动物、蜡烛和花在男性的房间中便成了账单、可见的洗衣篮和运动装备。男性的壁橱门通常是开着的，男性比女性更喜欢将物品挂在挂钩上。

我们的数据分析证实了亚当的直觉。这种房间里泄露出来的证据，即人们对于男性和女性的固有传统观念，似乎成为评估神经质的关键。当然，判断者们的确得出过错误的判断，但是这些能显示出性别关系的影响。在一个房间中，费尔南多（这不是他的真名）显然是给别人留宿了。她的高跟鞋还留在卧室的地板上。一个判断者一看到地板上的这双拖鞋就马上判定房间主人是一名女性，并忽视了其他的线索——椅子的扶手上是男性牛仔裤和 T 恤衫，修面膏和男性装饰品。因为这个简单的判断错误，我们的判断者得出了一系列与房间中的具体线索无关的个性特征。判断者并没有留意现场的线索，相反他依靠人们对女性的一些传统看法形成自己对房间主人的印象。

尽管固有常识看上去能帮助我们准确评估神经质，但是它们也能干预人们个性评估的正确性。关于女性的一个常见的固有看法就是认为她们比男性更加善良，更富有同情心。在大五人格特征维度中就表现为：女性比男性更具有宜人性。我们的判断者也评估为：女性房间主人比男性房间主人有更高的宜人性。而问题是在现实生活中并没有这样的差异。男性和女性都具有宜人性。因此，在这里传统的看法就降低了个性判断的准确性。

这些对于性别的观察使我们开始思考其他方面的传统看法。几年前我转租了位于底特律的一间公寓。房间里虽然没有很明显的同性恋标识，但是我从房间的内部设计、房间中摆放的许多小狗的雕塑和画像以及大量的男性杂志上推测出前一位房间主人是一位同性恋。当然我是根据常识得出的这个推论。那关于种族呢？我们的卧室研究是在旧金山的海湾区展开的，那里居住着许多亚洲人，参与研究的人中，亚洲人和白人各占半数，传统的固有看法认为，亚洲人的兴趣没有白人广泛，但更实在——有一幅漫画描绘了一个安静的、胆怯的、勤奋的以及守法的亚洲工程学学生。这种传统的看法就表明在其他事情中，亚洲人在开放性方面的得分比白人低。在开放性方面得分低的人更喜欢关注具体的观念，而不喜欢抽象的看法，他们倾向于墨守成规而不是对此提出疑问。在我们的研究案例中，亚洲人的确在开放性方面的得分低于白人。卧室判断者也擅长判断房间主人的种族（虽然还不像他们对性别的判断那样擅长）。

我们的分析再一次证明亚当是正确的。基于种族的传统看法至少在判断者们准确地判断房间主人的开放性方面帮助不少。尽管固有的传统观点名声不好，但是我们的研究已经很清晰地表明它们在我们形成对他人的印象的过程中扮演着重要的角色。这并不是我们这些希望根据人们的行为而不是外表来判断他人的人早就知道的结论。

传统观念的雷区

不管传统观念是多么的有用或者无害，它都是一个受到高度质疑的话题。在我发表第一篇研究人格和卧室之间关系的论文后不久，设计系的一位同事就邀请我给她的本科生们讲一讲我的研究工作。我的演讲开始的时候，学生们都很投入，尽管他们当中大多数人都没有理科背景，可他们看上去非常投入。但当我讲到一半的时候，情况发生了改变。学生们开始骚动起来，他们从一脸的相信已经变成皱着眉头的怀疑表情。学生面部表情的变化正好发生在我的演讲中可能会导致事情变味的那一部分——在这一部分我讲到了固有的传统看法。就像上文中那样，我认为当人们在获得的信息不充分的情况下——例如在卧室中找到的信息——他们通常会依靠固有的传统看法。我还补充道，这样做是一件好事。这个更引起了大家的争议。学生们纷纷举手的时候，我已经做好准备应对这已经预料到的义愤波澜。

设计系的学生们的反应都很正常。固有的传统说法的名声并不是很好，所以大家可能对使用这种固有的传统看法表示抵触，我很快就发现，单单是讨论固有的传统看法就能够让一个镇定的群体骚动。最让人难以接受的是认为一些传统的看法是有事实依据的。所以如果你要做一个演讲，并且希望演讲的过程是顺风顺水的，声称“传统观点不好”是最保险的做法。这并不是对待异常复杂的现象时最经得住考验的方法，但是很少有人会有很充分的理由来反对你的观点。

毋庸置疑的是，固有的传统看法总是会产生一些认知和决定，它们在最好的情况下是不公平的，在最坏的情况下可能导致致命的认知和决定。传统观点剥夺了女性的选举权和非洲裔美国人的公民权利；在人类历史上，它们还剥夺了许多群体的权利和机会，导致滥用特权。我们的许多媒体上关于传统观点的报道都包含一些基于种族、国籍或者性别的不公平的决定。所以很多人认为固有的传统观点是错误的，这一点并不奇怪。

如果你浏览一些在社会心理学方面最有权威的杂志，你将会发现，固有的传统看法是这个领域内讨论最多的话题之一。你可能希望在上面看到很多的研究，告诉你人们在什么时候怎样使用这些传统的观点，如果他们这样做的话，什么时候做是正确的。的确，大多数研究传统看法的研究人员都只关注到这一过程的一个方面——固有的传统看法是如何影响我们对他人的理解的。一项经典的研究表明，当研究对象在背诵一个八位数的时候比没有这件事分心的时候更可能利用这种固有的传统看法。这项研究以及其他的研究表明一种观点：当我们没有时间或者能力从各个角度来分析事情的时候，我们总是会依靠这些仓促的判断。但是正如我们即将看到的，一些人连他们认为可能合情合法的见解都不愿意分享，因为他们认为他人可能指控他的种族偏见。

哈佛大学商学院的迈克尔·诺顿和他的同事进行的一系列具有开创性的研究证明了我们对固有的传统观点是超级敏感的。他们发现人们用特定特征去描述他人的方式悬殊。想象一下你工作的公司中，有 10% 的员工都是红头发，有大约 10% 的人是深褐色的皮肤。假设你想跟一位同事介绍其中某个人，但是你不知道这个人的名字。对任何人而言，用你描述中的某些特征（红头发或种族）去缩小目标人群的范围是很有效的办法。然而，诺顿和他的同事发现人们不太愿意使用“黑人”这个词，而是选择用“红头发的人”的描述。他们的这种不情愿恰好回避了种族问题。这意味着我们交流的信息并不是十分有效的。

诺顿有一项实验大概是这样的：假设此时你是一个白人。你和一位素未谋面的人受到邀请去参加一个以摆放在桌子上的照片为基础内容的游戏。照片上显示的是不同的面孔——男性和女性，黑人和白人，老年人和年轻人，等等。你的合作伙伴有一本只有他自己能看的书。书上有和桌子上的照片相匹配的“目标照片”。你的任务是用尽可能少的“是或者否”的答案确定出目标照片。目标是一位男性吗？是的。目标照片是在蓝色背景下拍的吗？否。提问你的问题能够帮助你缩小可能的目标范围，把目标的范围不断缩小直至你找到匹配目标的照片。

这个游戏的目的就在于让关于种族和性别的信息同样有效。但是跟性别的问题相比，大多数人还是不愿意问种族方面的问题。而当你的合作伙伴（与实验人员一起的同盟者）是黑人的时候就加剧了这种不情愿。而且，在这种语境中，关于种族的问题可以用两种方式来表达——你可以问目标是否是黑人，或者目标是否是白人。游戏中的合作伙伴是黑人的时候，人们会拖延很久直到最后才问目标人物的种族，而且他们更可能问目标人物是不是白人。人们担心自己注意到某个人是黑人会被他人理解为种族主义者，因此人们很抵触“黑”这个字。他们更愿意假装成色盲：“哦，他是黑人吗？我甚至都没有注意到。”

如果你对这个游戏进行一些改变，那这个故事会更加有趣。如果我们将这个游戏的名字改为“美国联邦调查局头号通缉”，会有什么事情发生呢？这个细微的改变会带来巨大的影响。如果这些是嫌疑犯的照片，人们更不可能在问题中涉及种族。这里有一个重要的要件，即符合资格。只有白人才会对这种黑人或者白人的种族信息表现出极大的敏感。当黑人作为目标接受测试的时候，他们就像使用性别信息一样很乐意使用种族信息，而且他们不会受到像影响白人的境况的影响。很显然，一个黑人是不用担心自己会被指责为种族主义者的。

这并不是说白人在这项实验中就没有办法识别谁是黑人。他们只是简单地担心自己会背上种族主义者的罪名。但是如果奖励非常诱人，白人还是能够有效地使用这种种族信息的。在一组研究中，诺顿让参与者在两张照片中做一个选择——谁在大学中的表现会更棒？谁最有可能获得最理想的年级平均绩点（GPA）？谁最有可能进行暴力犯罪？当两张照片中的目标是同一个种族时（也就是说两个白人男性或者两个黑人男性），参与者很快就根据问题选出照片——他们甚至还很高兴自己能有勇气做出这样的回应。但是当诺顿让人们从一个白人男性和一个黑人男性中做出选择时，他们便开始反对，拒绝做出选择。这意味着他们现在没有办法做出选择还是他们只是不想做出选择？诺顿的研究结果表明答案是后者。当金钱上的奖励足够高的时候，参与者更愿意在黑人目标和白人目标之间做出选择。如果答对可以得到五美元，他们就会做出选择，但是如果是一美元的话，他们宁愿放弃也不会因为自己的判断而被他人定义为种族主义者。但是如果能得到五美元的话，那就值了。

性、毒品和摇滚

在我的班级里，我让同学们做过一个练习：学生们评出自己最喜欢的十首歌曲，并把自己最喜欢的一首歌排列在第一位。我告诉他们不要讨论这些歌单，列好之后直接交给我。第二周时，我随机将这个班的学生分为三组。第一个分组站在教室前面，我大声地念出他们的前十首歌的歌单。其他同学的任务就是判断哪个歌单属于哪位同学。令人惊讶的是，这个班的学生完成任务的准确率很高。但是他们是如何做到的呢？一些学生关注的是肢体语言，在我念出歌单时，他们试着观察谁的脸红了，谁低下了头或者谁在微笑。其他一些同学是根据对歌单中的音乐风格的传统看法来找到相匹配的人的，例如：认为那个穿牛仔靴的人喜欢乡村音乐。

这个练习我已经做过很多次，而且每年判断者依靠传统观点得出的结论会比依靠非语言线索得出的结论更准确。这种非正式的演示结果有力地证实了音乐嗜好至少可以传达出一些关于我们的信息。那么它们是否会提供关于个性的线索呢？

关于音乐喜好最有趣的一点就是他们表达出的信息可能是我们在日常生活中不易发现的。正如约翰·施瓦兹在《纽约时报》上发表文章谈论 iPod 的时候所写到的：“我们认为我们向世界展示的一张无害的、很社会化的面孔——没有什么是可以让人担心的。但是如果你知道我喜欢加拿大的莫可斯·福尔维斯乐队（声音沙哑、四个音部、‘左’派），你便会对我有所了解。你又得到了一个新信息。如果你知道所有我喜欢的歌，这些信息整合起来就是一张‘图片’，一张和公共形象有别的私密照。”要想领会他的意思，只需要考虑一下我们在研究中所收集到的排名前十的歌单 。

奥利维亚最喜爱的前十首歌：

1. 布兰妮·斯皮尔斯——《喔！我又做了一次》

2. 布兰妮·斯皮尔斯——《爱情奴隶》

3. 加斯·布鲁克斯——《那支舞》

4. 大卫·马修斯乐团——《碰撞》

5. 南方小鸡合唱团——《无限空间》

6.《油脂》电影原声大碟——《夏日爱恋》

7. 超级男孩——《Bye Bye Bye》

8. 菲丝·希尔——《呼吸》

9. 天命真女——《百战娇娃》

10. 克里斯·莱斯——《福音色九》

赛迪最喜爱的前十首歌：

1. 迈尔斯·戴维斯——《泛蓝调调》

2. 约翰·柯川——《巨人脚步》

3. 戴夫·布鲁贝克——《五拍》

4. 格伦·古尔德——《哥德堡变奏曲》

5. 赛隆尼斯·蒙克——《勇往直前》

6. 尼克·德雷克——《飞》

7. 雷·查尔斯——《雷的蓝调音乐集》

8. 赫比·汉考克——《处女航》

9. 史蒂维·雷·沃恩——《得克萨斯洪水》

10. 马友友——《巴赫无伴奏大提琴组曲：组曲 1》

根据你的固有传统看法，这些女人里面你最想帮助谁开一个吵闹的聚会？在一次长途旅行中，你更喜欢与奥利维亚坐在一起还是和赛迪坐在一起？让判断者们（在这次研究中选择了我的朋友和同事作为判断者）判断歌单的主人时，他们认为奥利维亚是缺乏创造力的传统的人。这样的判断或许是因为她的歌单上都是一些主流的流行歌手。判断者们还注意到她的歌曲都是充满活力的，所以断定她是合群的也是喜欢社交的。与她不同，赛迪的多数歌曲都是古典乐和爵士乐，判断者们认为她是优雅的、博学的。而且或许因为她的大多数歌曲都是安静的，或者都是轻音乐，判断者由此又得出这样的结论：她是保守的和自省的。因此，我们可以根据音乐喜好轻易地得出传统的观点。但是这些传统的印象都是准确的吗？

婚介公司让客户列出他们自己喜欢的书籍、电影和音乐，大概就是因为他们相信这是让其他人了解他们的兴趣、价值观和性情的一种有效的捷径吧。但是当你在交友网站上点击潜在另一半的列表时，排除朋克摇滚乐师并将乡村音乐的爱好者做上标记，你这种做法合适吗？为了证实这一点，我和杰森·伦特佛罗开始关注年轻成年人——对他们来说，音乐尤其重要——对于各种音乐爱好者的固有传统看法。人们根据他人的音乐集可以得出怎样的推断？如果有的话，其中有哪些推断是正确的呢？

图 7.4 是关于在传统看法中，古典音乐、摇滚、当代宗教音乐和说唱音乐的爱好者拥有的大五人格特征。你能够分辨出哪条线代表的是哪个类型吗？下一段中会公布答案，所以现在先猜猜吧。

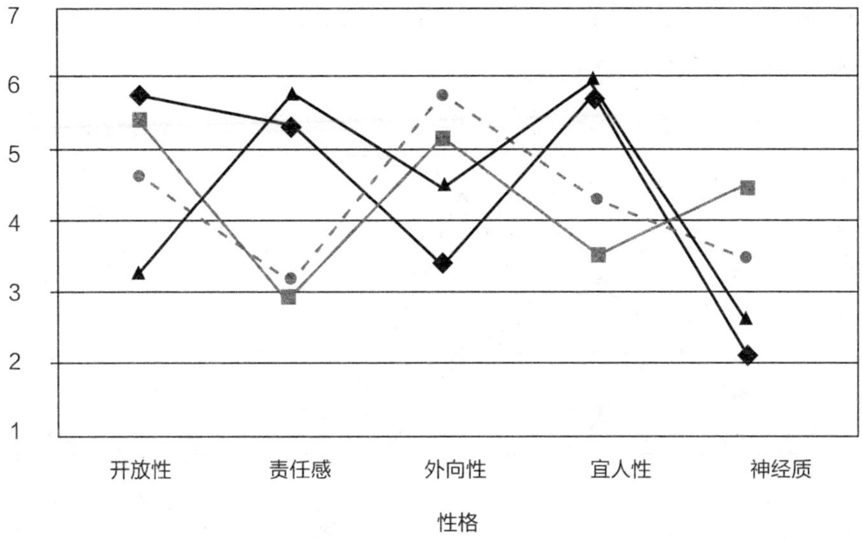

图 7.4　古典音乐、摇滚乐、当代宗教音乐和说唱音乐的爱好者拥有的大五人格特征

正如图中所示，学生们认为古典音乐爱好者（用菱形和黑色实线表示的）和宗教音乐爱好者（用三角形和黑色实线表示的）有相似的个性特征：高宜人性，有责任感，不是很神经质。但是他们认为古典音乐爱好者会比宗教音乐爱好者更加开放却没有他们外向。他们认为摇滚音乐爱好者（用正方形和灰色实线表示的）和说唱音乐爱好者（用圆形和灰色虚线表示的）有些相似：他们具有高外向性，宜人性适中，而在责任感方面得分较低。但是他们认为摇滚音乐爱好者比说唱音乐爱好者更神经质也更开放。

你在选择交往对象时会考虑其他特征吗，如政治观、智力、宗教信仰、吸引力、崇尚运动和艺术审美能力？可以从音乐集中预测出这些特点吗？图 7.5 就是在传统看法中，四种类型的音乐爱好者——古典音乐、摇滚、宗教音乐和说唱音乐——的这些特征。在看答案之前，还是请你看一下你是否能够判断出哪些特征是属于哪种类型的人。

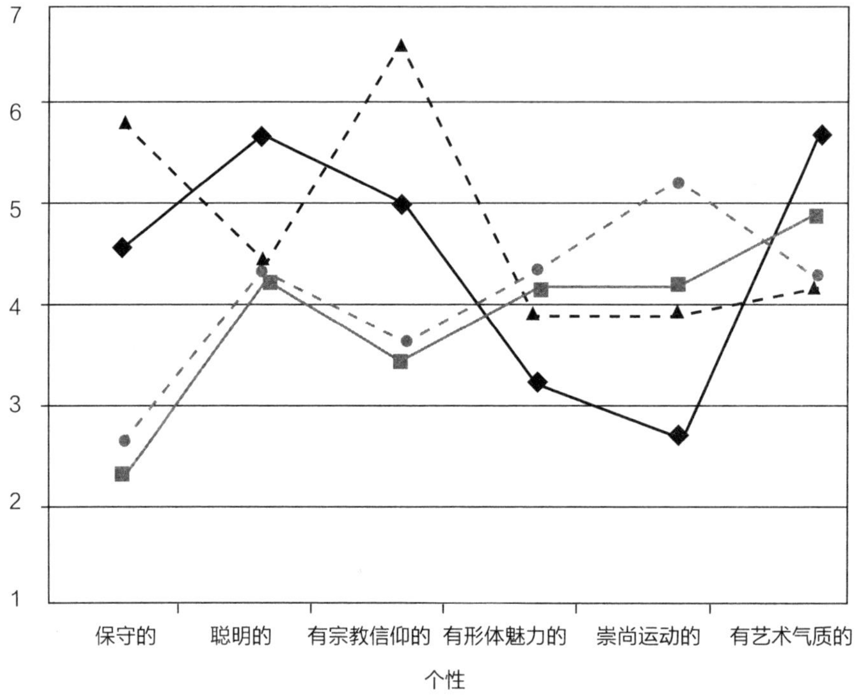

图 7.5　古典音乐、摇滚乐、当代宗教音乐和说唱音乐爱好者的传统看法

图中显示，传统看法中的这些特征与大五人格理论特征有很多不同之处。大学生们认为古典音乐爱好者（黑色菱形和实线表示的）有智慧、有形体魅力，也有艺术气质。他们认为宗教音乐爱好者（黑色三角形和虚线表示的）与其他类型爱好者的不同主要表现在两个方面——他们在政治上是保守的、有宗教信仰的。摇滚音乐（灰色正方形和实线表示的）和说唱音乐（灰色圆形和虚线表示的）的音乐爱好者的个性基本上没有什么区别，只是觉得说唱音乐爱好者比摇滚音乐爱好者更爱运动一点，摇滚音乐爱好者比说唱音乐爱好者更有艺术气质。这些传统观点是如何体现在更深层次的特征上的呢，比如价值观？四种类型的音乐爱好者们，哪一种最重视世界和平？或者友谊？或者智慧？或者爱？图 7.6 是关于这四种音乐爱好者对十八种价值观的传统看法。

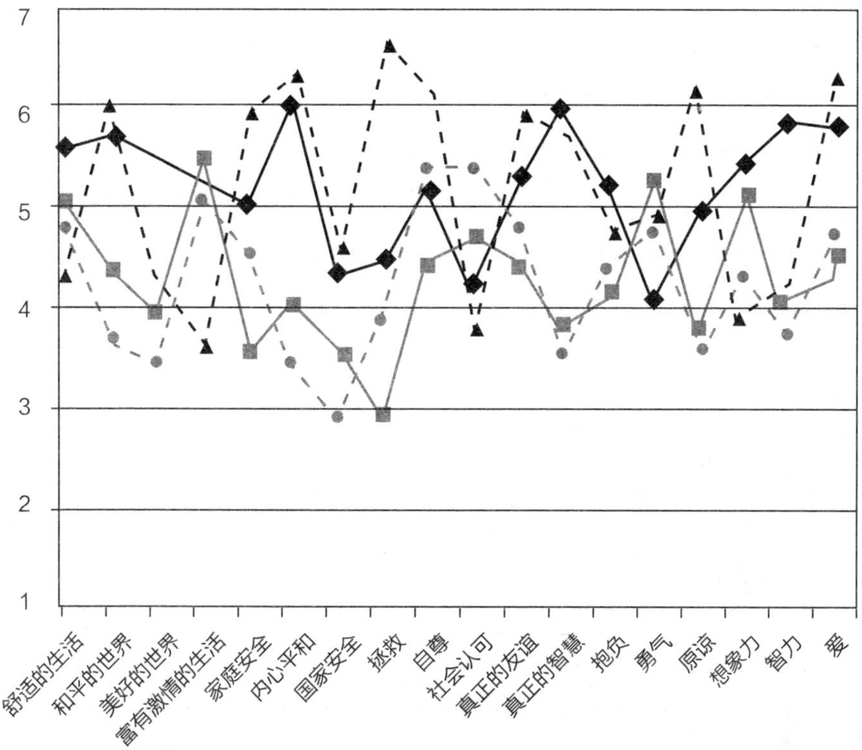

图 7.6 对于古典音乐、摇滚音乐、宗教音乐和说唱音乐爱好者的价值观的传统看法

价值观

学生们认为古典音乐爱好者（黑色菱形）重视舒适、美好的感觉、智慧、想象力、智力和爱；他们认为宗教音乐爱好者（黑色三角形）重视和平、家庭安全、原谅和拯救（这一点不足为奇）；他们认为说唱音乐爱好者（灰色圆形）重视自尊和社会认可，而摇滚音乐爱好者（灰色正方形）很重视激动人心的事和勇气。需要注意的是，学生们认为宗教音乐爱好者有很高的价值观——三角形总是出现在最上边，而说唱音乐和摇滚音乐爱好者的价值观则是最低的，通常要比宗教音乐和古典音乐的爱好者低很多。

图 7.7 显示的是四种类型音乐爱好者对于酒精和毒品的喜好的传统看法。哪一类会喝更多的葡萄酒而不是啤酒？总体来看哪一类最有可能吸食毒品？

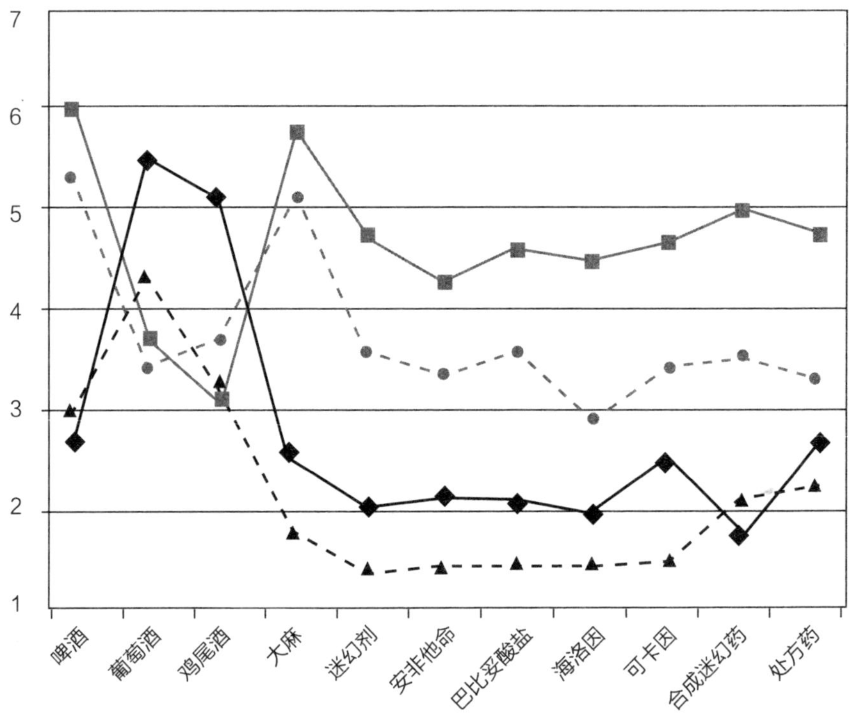

图 7.7　古典音乐、摇滚音乐、宗教音乐和说唱音乐爱好者对于酒精和药物的喜好的传统看法

图中揭示了各种音乐类型爱好者之间的有趣差异。大学生们认为摇滚（灰色正方形）和说唱（灰色圆形）音乐爱好者喜欢喝啤酒，他们认为古典音乐爱好者（黑色菱形）对葡萄酒和鸡尾酒的偏好更甚于对啤酒的偏好。而宗教音乐爱好者（黑色三角形）最不可能喜欢喝酒。假设他们会喝酒，他们可能会选择葡萄酒，或者是迫于交际的需求。至于对药物的偏好，学生们认为摇滚音乐爱好者会滥用各种药物，而说唱音乐爱好者在这一方面会稍微差一点点。与此形成对比的是，学生们认为古典音乐爱好者和宗教音乐爱好者不太可能会吸食非法毒品。

所以当你谈论自己的音乐喜好的时候，一定要注意自己说的话。稍不注意你可能就会泄露了自己的个性、价值观甚至是你对药物的嗜好等信息。但是这些信息真实可靠吗？宗教音乐爱好者确实会比说唱音乐爱好者更具有宜人性吗？我们的研究表明：一些固有的传统看法确实可以作为了解某些音乐爱好者个性的捷径。与固有的传统看法一致，摇滚音乐爱好者在宜人性、保守性和宗教信仰方面的得分确实比宗教音乐爱好者低，但是他们却比宗教音乐爱好者更有艺术性也更神经质。他们不太重视家庭安全、内心平和与拯救。尽管他们对葡萄酒和鸡尾酒不太感兴趣，但是他们却大量饮用酒精，使用药物。这可能没有什么好奇怪的，特别是在事情发生之后就更容易理解了。然而，针对其他类别的传统看法就不太准确了。表 7.2 显示的是传统看法的正确性：最上面的最准确，最下面的则最不准确。因此，你只需要关注虚线以上的部分，其余部分的有效性并不高——虽然感觉很有道理，但是作为一个观察者，你必须要控制住自己不去使用它们。

表 7.2　对于音乐的哪些传统看法更准确

音乐类型	范例：艺术家 / 作曲家 / 电影
最准确的	
当代宗教音乐	赞美乐队、4Him 乐队、第三天
乡村	克林特·布莱特、贾德母女合唱组、仙妮亚·唐恩
古典	巴赫、德彪西、瓦格纳
爵士	艾灵顿公爵、约翰·柯川、迈尔斯·戴维斯
摇滚	滚石乐队、吉米·亨德里克斯、空中铁匠乐队
民间音乐	尼克·德雷克、蓝色少女合唱团、鲍勃·迪伦
蓝调	比·比·金、马迪·沃特斯、罗伯特·格雷
重金属	杀手乐队、玛丽莲·曼森、黑色安息日
电子音乐	保罗·欧肯弗德、莫比、发电站乐队
电影音乐	《低俗小说》《追梦女孩》《一往无前》
另类音乐	模糊乐队、碎南瓜乐队、简的嗜好
流行音乐	布兰妮·斯皮尔斯、超级男孩、花豹少女队
说唱音乐	五十美分、公敌乐队、提姆巴兰
灵魂乐	阿尔·格林、艾丽卡·巴朵、马文·盖伊
最不准确的	

狗屋事实

这一章的大部分内容可以看作是对研究人员过度依靠固有的传统看法的危险性所做出的回应。但重要的是我们不会允许钟摆过度地偏向一边。布莱德和丹（不是他们的真实姓名）这两个参与者的行为很好地说明了过度依赖传统看法也会有危险。这两个人是我最近在实验室进行试验的主角。从布莱德的遗传图谱上来看，我们有理由相信他比丹更具有攻击性。但是丹却有暴力记录。他曾经袭击过几个人，有几次还招惹到了警察。当布莱德和丹来的时候，我们对他们进行了一系列的测试，测试结果证实了丹的暴力倾向。当受到威胁的时候，丹就表现得激动。他对给他做测试的研究生很不友好，当该研究生拿走他的食物时，他甚至想咬她。

我告诉过你布莱德和丹是两条狗吗？我们从针对狗的试验中了解到，虽然关于这个品种的信息是一个很有用的切入点，但是除了你所期待的品种方面的信息以外，还有很多非常丰富的信息。在这个测试中——布莱德这条比特犬，一直以来都被认为是很凶猛的一种狗——却没有拉布拉多（普遍认为非常友好的一种狗）更有攻击性。虽然品种是用于了解行为的一个有用的基础性指南——如果你只有这一条信息，那就使用它吧——但是通过与狗的接触却可以获得更多的信息。

所以，当你进行观察的时候，一定要记住谨慎地使用固有的常识。这就意味着一定要牢记以下四点：

1. 传统观点只是我们根据人们的物品判断人物个性的时候的两种方法之一。我们既可以根据传统观点——或许床边的中文书会引起对亚洲人的种种看法——猜测被观察者是可靠的，也可以根据可靠性的直接证据进行判断，例如：很仔细地填写桌上的日历。

2. 在我们的卧室研究中，认为女性是高神经质的观点是正确的，但是认为女性具有高宜人性的观点是不正确的。很多固有的传统观点可以帮助我们做出判断，但是其他的——那些错误的看法——则能够误导我们。

3. 我们可以正确地理解差异的方向——例如女性在神经质方面的得分比男性高——但是仍然会将这种差异的尺度弄错。或许男性和女性之间的鸿沟比实际上要大得多。

在你因为暴力犯罪宣布逮捕华盛顿的居民之前（基于当地居民的有用观点），请记住传统观点中所说的一般情况忽略了特殊性。的确，华盛顿的居民在宜人性方面排在第五十位，但是他们并不都是坏人。

这四点集中起来就可以解释为什么有些正确的传统观点，它们所传达的信息也经常在具体的事实下得不到有力的支撑。在我们的卧室研究中，我们发现即使当我们的判断者依靠的是正确的传统观点，他们还是能从特例中找到有效的线索，例如：书架上的物品。所以，成功运用传统观点的关键在于把它们当成是一种有效的假设，一旦得到其他信息，便可以丢弃这些传统的观点了。

因此，当你因为 iPod 里边有很多宗教音乐便推断其主人是遵守规则、传统和在政治上保守的人，那你可要当心了。但是，让我们面对这个现实，作为一个英国人，当我到一个欧洲的海滩时，我总会禁不住认为那些在绝佳位置沐浴阳光的家伙们是德国人，而不是英国人。

第 八 章

在不同的领域掌握人的不同个性特征

几年前，我和同事对申请我们博士课程的申请表进行了评审，评审过后，一个名叫凯西的学生几乎排在了我们简短名单的第一名。和其他入围的学生一样，她的申请材料很棒——几封顶级教授为她写推荐信，个人陈述写得非常有思想也很考究，她的兴趣点也和我们院系的研究方向吻合。更有甚者，她的大学成绩非常完美，而且美国研究生入学考试的分数也是相当高。我和同事非常期待面试周，届时我们将有机会和她以及其他优秀的候选者进行讨论。

但是令我吃惊的是，凯西在面试中的表现并不好。她给我的印象是她对什么都不感兴趣。我就她在个人陈述中谈到的几个话题进行提问，但即便是这样也提不起她谈话的兴趣。她还显得有些不悦和傲慢，这使我感到很困惑。鉴于她如此光鲜的推荐信，面试的经历根本就不是我所期待的那样。我猜想是不是我们的个性不相投。但是当我和同事比对记录时，发现他们对凯西的面试同样不满意。其实她并不是对我们的项目不感兴趣，因为当收到我们的拒绝信的时候，她感到非常失望。而且她甚至请我们把她放到备选名单当中，以便出现空位时她能补上。

另一个博士课程接受了她的申请，我们看过告示栏（其实我们刚刚避开那个告示栏）之后长舒了一口气。但事后知道，那个告示栏是由高级的固态银制成的。凯西继续在研究院里享受着成功。当她进入学术界的时候，她俨然成了“抢手货”。现在她已经成为助理教授了，已经成为该领域的话题人物（那种好的方面），而且凭借她那激动人心的几个项目之一，她便可以在学术界引起波澜。

我们怎么会看错人呢？作为心理学家我们应该更了解她才是啊。大量的研究都表明，与申请程序中的其他审核方式相比，无结构面试是最没有帮助的。与非正式面试的无用性相匹配的是我们对他们的坚定不移的信念。我们一直持续地让未来的学生到奥斯汀参加面试——即便我们知道很多研究表明这种面试是没有什么作用的。

为什么面试没有作用呢？有一个可能的答案就是我们需要的信息就在那里，但是我们不知道该如何好好利用这些信息。在一项很重要的研究中，维多利亚大学的罗伯特·吉福德分析了我们是多么擅长收集正确的信息，却又那么容易忽略错误的信息。为了进行这项研究，他借鉴了当时有远见的心理学家埃贡·布伦斯维克于六十年前进行的一项概念化的研究。布伦斯维克的“透镜模型”提供了一种方式，通过这种方式来理解好的判断是如何变成不好的判断的。

布伦斯维克的模型——触及观察者艺术的核心——介绍了两种可以帮助你做出正确判断的方法（利用正确的线索，忽略无效线索）以及两种会让你得出错误判断的方式（没有利用正确的线索，错误地使用了不正确的线索）。布伦斯维克的简单体系能够适用于任何一种情况——从海关人员判断某人是否携带了违禁物品，到判断股票市场会遭遇下挫的可能性再到预测某个特别的周围环境在夜间是否安全，或者一个优秀的学生是否会得到一份有前景的工作。在上述的任何一种情境中，当我们对不能直接确认的（违禁物品、股票市场的未来、周围环境的安全性、研究人员的能力）事物进行判断的时候，我们可以通过我们能直接确认的线索（过度随意的步调、一个重量级金融顾问的评论、街灯以及眼神接触）来作出判断。

一次工作面试可能是你的职业生涯中最关键的三十分钟。这时候，雇主必须根据你的短时表现决定是与你签订合同还是请保安提前将你送出办公室。错误的选择会带来很多遗憾。于是大量的商业研究开始去关注那些能够给人留下好印象的行为。研究表明，要想获得一份工作，你必须与面试官有眼神交流，要经常微笑而且要点头。人们会认为这样做的人具有好的品质，他们是不会选错人的。但是这项研究漏掉了一个至关重要的元素：凝视、微笑和点头是判断应聘者符合工作需要的品质吗?

布伦斯维克的体系中涉及很多对应聘者的判断。而且这也正是吉福德和他的合作者们所做的。他们对招聘研究助理的三十四次真实的面试场景进行了分析,对每一个具体的行为都进行编码——包括他们用于交谈、注视面试官、微笑、手势以及前后倾的时间。他们还记录了应聘者是否玩手指或者头发，是否敲钢笔。他们还针对年龄、性别、衣着是否正式以及形体魅力进行评估。

然后吉福德把这些面试的录像给有经验的面试官看，并且让他们就应聘者的社交技能和工作动机进行衡量。吉福德评估了每一条行为线索以及这些线索对于两个关键特征的判断有怎样的联系。他的分析显示，那些交谈手势很多而且穿着比较正式的应聘者在社交技能和工作动机方面都比较强。这些结论和之前的研究结果是一致的。

然而，当吉福德和他的合作者使用布伦斯维克模式的另一半的时候——人们的真实个性（不仅仅是别人怎么判断他们）和行为线索之间的关系——未曾预料到的结果出现了。布伦斯维克的分析表明，交谈、手势以及衣着确实是表现社交能力的有效线索，但是只有正式的着装才能预测应聘者的工作动机。这个研究结果也反映了伯克瑙和里布莱尔的研究结果（在第五章中描述过），里面提到，正式的着装是代表参与者责任感的一个线索。吉福德的分析还表明，面试官擅长在面试中预测应聘者的社交能力，但是不擅长评估应聘者的工作动机。吉福德表示面试官不要根据手势来判断应聘者的工作动机，他们应该关注应聘者的前倾程度。他们前倾得越多，他们的工作动机就越强。从观察者的角度来说，布伦斯维克的模式是很重要的，因为它提供给我们一种方法来帮助我们判断我们是在正确的轨道上还是即将偏离方向。

有线索的房间

想一想我们进行的卧室研究中关于房间主人宜人性的判断。回想起宜人性是我们的罗杰斯先生的维度：在宜人性方面得分高的人考虑问题更周到、更温暖且富有同情心。那些在这个特征上得分较低的人则是苛刻的、批判的、喜欢争吵的。我们的观察者并不是很擅长判断房间主人的宜人性。但是问题究竟出在哪儿呢？判断者犯错是随机的还是有什么系统性的因素呢？布伦斯维克的一项研究可以帮助我们解决这个问题。

我们的研究表明，判断者经常根据特定的线索来判断房间主人的宜人性水平。具体地说，他们认为有秩序的、整洁的、干净的以及舒适的房间是宜人性的体现。事实上，这些线索绝对没有提供宜人性的信息。

想一想那些导致房间干净整洁的各种各样的行为，他们暗示着房间主人是有秩序的、有条理的，并且是专注于任务的——也就是说有高度责任感的人（机器战警的特点：有秩序的、守时的人）。的确，从我们的分析中可以看出，这个错误的根源在于混淆了责任感和宜人性的线索。判断者错误地使用了责任感的线索去判断宜人性。他们为什么会这样做呢？有一个可能是我们的判断者们发现混乱的、不干净的、无序的房间令人感觉不悦，所以就推断房主肯定是办事情不周到的人。

我们的布伦斯维克式分析表明，另一个常见的观察错误是判断者认为充满快乐和色彩的房间的主人有宜人性和责任感。但仍然没有证据表明这种判断是正确的。观察者仍然会犯这种错误——正如你可以从后面的卧室实地指南中看到的——有大量的证据能够证明你是多么有序。有了布伦斯维克模式的帮助，我们就可以期待有一天人们不会再根据墙壁的颜色来判断他人是否有责任感，而是关注他们日历表的内容。

这些研究结果都是很有用的。因为他们能帮助我们评估我们对他人判断的质量。如果我们观察的房间是整洁的、干净的并且是有序的，我们就能够有意识地控制自我本能，不轻易地判断房间的主人属于高宜人性。你把自己看成是一名被观察者，而且开始关注自己的房间给他人留下的印象的时候，这也是需要牢记的一点。你可能不会介意，你自己乱糟糟的办公室会给别人留下你的组织技巧很差劲的印象（事实上，你对此可能也是无能为力）。但是你应该意识到，许多观察者也会因此而错误地推断你的为人不是很好。

布伦斯维克模式帮助我们创建了实地指南，如表 8.1 所描绘的。这个指南说明了人们在形成对各种线索的印象时使用的线索，以及他们应该已经使用了的线索。

表 8.1　卧室实地指南

进行判断时	人们实际上依赖	人们应该依赖
开放性	装饰过和凌乱的，有特色的书籍的种类和数量，音乐集的数量，杂志的种类	一间有特色的房间，有各种各样的书籍、杂志和音乐集，关于艺术和诗歌的书籍，艺术品
责任感	充满欢乐和色彩，条件好、干净、有序、整洁、整齐、明亮、衣服放起来、舒适，整齐的书籍、音乐集和文具	一间明亮、整齐、有序、整洁和舒适的房间，整齐的书籍、杂志和音乐集
外向性	装饰过和凌乱的	
宜人性	充满欢乐和色彩、有序、整洁、干净、衣服放好、条件好、舒适、动人	
神经质	空气污浊	鼓舞人心的海报

从指南中可以看出居住空间中两个最明显的线索是大五特征中的两个特征——开放性和责任感。如果你走进一间房间，而且这个房间让你觉得很与众不同——或许沙发是用旧的船身制作而成，或者画作是倒着挂的，或者餐桌表面上有各种图案的涂鸦——你发现了一个有力的线索能够证明房间主人在开放性方面的分数比较高。这些发现告诉我们，关注开放性的观察者们应该寻找那些不同寻常的、非传统性的物品，装饰物和物件的摆放。在我们的卧室研究中，一位在开放性上得分最高的房主，他的台灯是用伏特加酒瓶和百忧解包装盒制作成的。另外一个强有力的开放性的信号就是各种各样的书籍、杂志和音乐。开放性的定义强调兴趣的广泛性和对各种不同观点的欣赏。但是请注意，这里最重要的是指书籍、杂志和音乐集的多样性而非数量。当然，一个拥有很多书的人可能也有很多种类的书。但是如果一个人只有十本书，而这十本书讨论的也都是不同的话题，那么这个人在开放性方面的得分要比有五十本关于桥梁铆钉构造特殊性的书籍的人要高。

当我们浏览人们收藏的书籍、杂志和音乐集时，记录一下主人是怎么摆放的。光盘和其他音乐媒体是根据作者或艺术家的姓名的首字母进行排列的吗？或者是系统性地按照主题或题材进行排列？书籍是否很细心地放好？不管书籍的主题或者音乐的题材，物件的摆放会给你关于房间主人的责任感水平的线索。

确保你观察得很仔细。因为有一套规整你的所属物品的系统并不等同于有序。想一下我收集的光盘。只是粗略地一看就会让你觉得我是一个很有责任感的人，因为光盘都被放在小抽屉里，每一个都被贴上属于它的题材标签——“舞曲”“古典音乐”等等。然而，专业的观察者是不会被这种表面的线索所愚弄的。他们知道只需要做一次整理就可以将光盘整理好。

一个真正有责任感的人是不会偶尔才想起去整理的。他过着一种有责任感的生活，也就是每天都是系统化地生活着——把光盘放回到光盘盒，把光盘盒放回到正确的抽屉中的正确的位置，而且会在抽屉中留出足够的空间以备不时之需。

如果你仔细检查了我表面上看让人印象非常深刻的有序系统之后，你会发现，我后面就开始犯错了——光盘没有放到正确的抽屉里，有一些碟片甚至放错了盒子。我会把光盘硬塞进抽屉里，因为我没有预见到自己后来会买更多此种类型的光碟。如果你检查一下我办公室的书籍，你也能得出类似的结果。表面上看，它们井井有条，但是仔细检查后你会发现我并没有仔细排列这些书，我也并没有按照类别摆放，甚至还把书水平叠放在一起，这些都表明我没有合理地预留出扩张空间。通常情况下，有责任感的人生活的空间都是井井有条的、整洁的、不杂乱的，或许还会惊人地明亮。

当足够成为太多

正如我们已经看到的，一些人的整洁是很自然的。其他一些人虽然担心混乱，但是不知道应该怎么办。甚至还有一些人可以忍受许多无关的东西摆放在自己的房间里。而且有一些有储藏癖好的人，他们不知道什么时候该停止收集东西。

2006 年，华盛顿州一个小镇上的警察局长接到一个男子的报警电话，说他六十二岁的妻子（让我们称呼她为爱丽丝吧）走失了。警察局长派出一个小分队去调查这个案件。一踏进他们的房间，警察们就看见了房间里堆积如山的衣服、碗碟、书籍、盒子和报纸。

五十年来，爱丽丝一直都在储藏物品。其结果就是几吨杂物堆积成山，警察们只能头顶着天花板，匍匐着爬过这些小山包。根据一份报告，当他们看到一个微波炉的轮廓时，他们才知道自己正置身于厨房中。

警官们不禁想到一种非常警觉的可能性——爱丽丝仍然在房间里，只是陷进了坍塌的纸堆里。他们继续寻找爱丽丝的线索，但是并没有发现什么，因此他们离开了。但是当爱丽丝还没有现身的时候，警官们又回来了。这一次经过十个小时的搜索之后，他们终于在一堆衣服下面找到了爱丽丝。显然，她是在找一个旧电话插座时摔倒了，差点因为坍塌的大量衣物而窒息死亡。我们很少有人会让自己的家变成非常危险的山，即便是在正常的行为范围之内，我们对于杂乱的容忍程度也是有着天壤之别的。当然，跟很多没有条理的人相比，爱丽丝的症状是一种极端，我们一般人都不会那么严重。事实上，当我正在观察储藏行为时，我被温和地警醒，并意识到自己房间里那些个超级收藏者收集的大量物品——桌子上那个杯子里的钢笔不超过十支，我还在用着，因为我不能忍受把它们扔掉的行为。

听从朋友们的善意相劝，我下决心对自己的衣橱和柜子下手。是时候丢掉保质期到 20 世纪 90 年代中期的那瓶芥末了；航空公司免费提供的牙刷、眼罩及短袜是我原打算给可能在家里留宿的朋友备用的，如果连一包都没用过的话，另外的十五包我也不会用。但是幸运的是，与大多数有收藏癖好的人一样，并没有人强制我这样做，所以我可以丢掉这些东西。对我们的祖先来说，储藏——尤其是食物——很有意义。而对于动物来说，也仍然很重要，因为这会满足它们供给不足时的需求。

关于松鼠、渡鸦、老鼠、仓鼠以及人类的研究表明，我们喜欢储藏东西的性格是根深蒂固的。我们爱储藏。如果你是一只松鼠，你得依赖于此。尽可能多地收集橡子、胡桃和榛子，储藏起来，以帮助自己度过漫长而严寒的冬天。

当然，在现代社会中，人们一年到头都能获得食物和其他商品。曾经那个促成储藏癖好趋势形成的时代今天已经不复存在了。但是经过几百万年的自然选择之后，人们对于储藏的偏好却依然存在，仍然深深植根在我们的脑海之中。不过，这种自然趋势已经被现代文化所吸收和改变，包含所有的收集形式——从收藏古董和邮票，到收集辣酱瓶和火车车厢号牌。

但是，人们总会有一段时间停止收藏，所以我们的储藏倾向中也会伴随着一些停止储藏的趋势。正常人的储藏倾向是受神经调节的。我们的脑部的某个部位会驱使着我们去获取物品和其他的东西，尤其是脑前额叶中部会控制着我们的偏好使其不要过度。如果那个部位受损，我们就会有不断的储藏倾向，就会失去理智（针对松鼠而言）。人们和其他动物脑部的这个部位受损的话，就会一直持续地收集物品。

艾奥瓦大学的神经学家斯蒂文·安德森（Steven Anderson）针对大脑损伤病人进行的一项研究中发现，病态的收集狂与在正常的能力范围内的非收集狂（出于对比的目的而对其进行的评估）并没有什么区别，但是所有的极端收集狂的脑前额叶中部都遭受过损伤。大脑的这个部位最容易在交通事故中受到损伤，所以如果你不戴头盔，你可能就需要考虑把橱柜腾出一些空间了。

人们喜欢储藏的东西种类繁多：收据和账单、杂志和报纸、信件和卡片、旧衣服、旧处方、过期食品、钢笔、纸袋子、肥皂条、盒子、硬纸板、梳子和其他所有他们认为可以塞进家里的东西。

在极端的案例中，储藏狂人还会收集用过的厕纸。他们的储藏爱好还延伸至房子外面——人们在后院丢弃的损坏的婴儿秋千和过时的燃油炉子。

研究很少会涉及极端的储藏癖好，有时会把它与强迫症（OCD）联系在一起。在最近的一篇分析十五个极端案例的研究论文中，南非斯坦陵布什大学精神医学系的索拉亚·西达特(Soraya Seedat)和丹·斯坦将储藏癖好描述为“反复收集过量的物品，而且这些物品都是有很少价值或者没有价值的，但是时间一久又不愿意丢弃的物品”。西达特和斯坦发现储藏狂人最常见的动机就是担心丢弃的这些物品会有实际用途。患者通常都不太能或者不能控制他们的行为。他们似乎会说：“万一有一天我需要用怎么办？你绝对不会知道，它们有一天可能会派上用场。如果是这样的话，我一定会后悔把它们扔掉。”

埃里克·阿拉哈玛森是哥伦比亚大学的教授，也是《完美的混乱》（*A Perfect Mess*）一书的作者。他注意到不同的储藏狂人之间的不同。每个储藏狂人收集事物的动机是不一样的。被西达特和斯坦认定为“我可能有一天会用到它”的储藏狂人被阿拉哈玛森定义为“实用性型储藏狂人”。基于他和储藏狂人之间的谈话，阿拉哈玛森发现实用主义者要么是理性的计算者（我再次使用它的概率有多大？需要重新考虑新添置的成本和我再次找到它的概率）和对再使用估计过高的人（我确定我会找时间再看看报纸上的那篇文章，所以我最好还是把它收好），要么就是这类人有根深蒂固的记忆问题（“这对我来说似乎很有价值”）。

如果当你观察储藏狂人堆积的物品时，你发现里面有很多年前的旧信件、账单以及收据，那你就极有可能遇到了阿拉哈玛森所谓的“自恋型储藏狂人”——他有意识地收集各种材料以备某天为他写传记的人所需。阿拉哈玛森注意到，在这种背景下，安迪·沃霍尔[1]每天都会储藏乱七八糟的各种物品，以便传给后代。

“敏感型储藏狂人”保存事物是为了帮助他回想那些重要的时刻、事件或

① 安迪·沃霍尔，被誉为20世纪艺术界最有名的人物之一，是波普艺术的倡导者和领袖，也是对波普艺术影响最大的艺术家。

者生命中出现的人——部分儿童时代的玩具、八年前去格林威尔度假时候的汽车票、最爱的姑姑留下的一个茶杯碎片。我们很容易就从所见到的一堆堆的东西中得出结论说房间主人是一个储物狂人，然后就止于此。但是阿拉哈玛森的洞察力还指导着专业的观察者进行更深层次的观察——通过具体的物品去推断储藏狂人特殊的个性特征。然后再借此判断观察对象是一个务实的人、一个非常自恋的人或者仅仅是一个怀旧的柔情之人。

将储藏物品的不同原因进行区分看上去很有道理，但是又有多少科学证据能够证实这些不同的储藏类型呢？斯蒂芬妮·普莱斯顿是密歇根大学的神经学专家和研究收藏癖好的专家。她告诉我说，尽管有很多人都在讨论不同的储藏类型，但是实际上却没有很好的研究能够支持这种区分。她自己开展的调查表明，真正的储藏狂人——像爱丽丝这样，将物品堆积到天花板的这种人，他们很容易接受各种听起来很合理的理由而继续往自己的杂物堆里装东西。除了实用型、自恋型和敏感型之外，她还增加了其他类型，例如："环境保护型"和"小气型"。吴凯文是一名储藏研究专家，他是北伊利诺伊大学的一位临床心理学家，他也同意这种观点。他告诉我说，他并没有发现任何能够支持这种分类的数据。事实上，尽管他能够理解"实用型"和"敏感型"，但是"自恋型"储藏狂人这种类别与他的临床研究相悖。他的数据表明，储藏狂人在特权和自恋方面的得分异常低。

当我问吴凯文病态的储藏狂人和正常的收集者之间有何种区别的时候，他和我分享了他这项重要的观察结果：收集者喜欢自己的收藏品，这些收藏给他们带来一种快乐，他们很欣赏自己的收藏品；而储藏狂人发觉他们对自己的状况感到烦恼。

尽管我们大多数人都不太可能接触到那些已经进入临床阶段的储藏狂人，

但是吴凯文做出的这种区分（以及他所收集的数据）表明储藏狂人和一般的收集者是有不同的个性特征的。有孤独收藏癖好的人易于和神经质相联系起来，而谨慎的收集者表现出的则是具有责任感的行为。所以，当你对一个空间进行观察的时候，如果你看到了大量的物品，那你就可以问问自己这是否是精心策划的收集策略带来的结果，例如每副高尔夫球杆都摆放在特定的角落；或者是否这是不能丢弃的结果，又如一堆旧的高尔夫球杆摆放在车库的墙角处。

杂乱的办公室

最受关注的一个储藏地点当数办公桌。杂乱清除专家埃里克·阿拉哈玛森提醒，当我们分析每一张桌子呈现的状态的时候，最重要的就是考虑两个方面的作用力——那些制造混乱的因素，例如在截止日期前完成工作，和那些减轻混乱的因素，例如整理。所以你的桌子可能是干净的，这要么是因为你把它收拾干净了，要么是因为你没有什么工作要做，所以很整洁。很不幸的是，除非你是在正确的时间观察这个房间，不然一次拜访是很难将这两种原因造成的整洁状态分辨清楚的。一个特例是，如果你碰巧在房主刚刚收拾好桌子的时候走进来，你就能幸运地看到一个整洁的工作地点和一个被塞满废纸的纸篓。如果可以，阿拉哈玛森推荐给你一个有效的方式，即观察杂乱状态的消长（或者不变）。

阿拉哈玛森给我们的另一个分析有序性的提示就是判断能变得整洁有序的潜在思维模式之间的差异。我之前有一位同事，名叫麦乐迪。她非常聪明，非常博学，也是一位优秀的作家。但是她总是做不完自己的项目——她的办公室里有一打处在各种不同进度的项目。麦乐迪在拖延方面已经是“黑带高手”。

这些工作被耽误的一部分原因便是她把时间都耗费在整理上了。我曾经建议她，如果她不是去花三天时间做一个为档案柜中所有资料编写索引的文件卡片系统的话，她最关心的那个项目可能已经完成了。但是在她看来，借此她可以很快地定位并找到自己所需要的文件，而这三天便可以弥补回来。当然对于大多数人来说，些许的整理是可以提高工作效率的，这是事实。但是这也是有限制的。是否真的有必要为了去史泰博[①]购买那种有三种尺寸的夹纸盒来替换掉原有的单款夹纸盒而推迟撰写重要的报告呢？对此我表示怀疑。

几年前，我拜访另一所学校的时候，一位名为路易莎的办公人员，听说了我的研究，便找到我，询问我对她位于另一个工作区域的同事的看法。那个人似乎总是在办公室里与他人攀比。路易莎说，每次自己收拾自己的办公区域时，她的邻座总是会略胜一筹。路易莎在她的办公区贴上了一张纸质日历表以便跟进即将到来的活动。就在第二天，她的邻座便会自己添置一个附带着黏性的星形、圆形和正方形的擦板日历表来记录各种活动。路易莎给自己的备用光盘准备了一个塑料的小盒子，而她那个近邻马上就会摆放一个给人印象深刻的多层光盘架。埃里克·阿拉哈玛森把这种自以为是的家伙称为“自命不凡的有序者”——他们将自己的目标设定为要做这周围最井井有条的人。他举了一个同事的例子：在会议上，当老板开始讨论最后期限的时候，他便拿出电子记事本，炫耀似的很大声地敲打起键盘。然而真的有条理的人是受一种强制力的驱使从而让事物保持整洁的，而那些自命不凡的有序者会把自己的空间当成是一种武器。

正如你可能会期待的一样，许多在居住空间中出现的表现特定个性特征的

① 史泰博，一站式办公采购服务平台，2016年《财富》世界500强企业。

线索同样也会出现在办公室里。正如下面的办公室实地指南，干净、整洁、有条理、不杂乱的办公室可能属于那些在责任感方面得分较高的人。而且在办公室里，有特色也意味着开放性。当我们参观一家广告代理商的办公室的时候，我们会发现这里的雇员创造性和想象力（也就是开放性）程度都非常高。我们看到非传统的家具——桌子上放着填充玩具食人鱼，架子是由滑板制成的，甚至连放收据的盒子都是豹纹压花的。

但是居住空间和办公场所还是有很大不同的。与对卧室的研究一样，我们的观察者认为装饰过的办公室主人应该属于外向型。但是与卧室不同的是，在卧室里有些装饰物是错误的线索，而在办公室里的装饰物确实标志着这个人是外向的人。在办公室（而不是在卧室），吸引力也能表现外向性——外向的人喜欢跟他人接触，因此他们会装饰他们的空间，借此吸引他人，并鼓励人们在此逗留。外向的人可能会开着门，并且在桌子上摆放一些糖果作为诱饵。你喜欢在他们的办公室逗留，那里会有舒适的座位和大量的装饰物。

与之相反，内向的人可能不太有热情想要别人在自己的房间逗留。如果你走进一个内向的人的办公室，别指望自己的需求会在他那里得到满足。坐在一张硬板凳上，几堵灰色的墙体立在周围，过不了几分钟你便会寻找借口逃离此地——这样真的是皆大欢喜。尽管有吸引力的办公室通常属于外向的人，但是你也别太相信自己的推断。我们的研究已经表明，观察新手总会认为吸引力会泄露出高宜人性、高责任感、低神经质、高开放性和外向性。但是作为一个老到的观察者，你要知道这只能代表着外向性，仅此而已。

表 8.2　办公空间实地指南

当判断时	人们实际上依靠	人们应该依靠
开放性	装饰过，愉悦的，多彩的，吸引人的，整齐的，充溢的，有特色的，时尚的，非传统的，各种不同的书籍	有特色的，非传统的，各种不同的书籍
责任感	条件好的、干净的、有序的、整洁、整齐、舒适、吸引人、宽敞、普通的	条件好的、干净的、有序的、整洁、整齐
外向性	装饰过的、愉悦的、多彩的、吸引人的、有特色的、时尚的、现代的、非传统的	装饰过的、愉悦的
宜人性	吸引人的	人来人往的地方
神经质	不吸引人的	装饰过的

想要了解为什么在办公室中而不是在卧室中吸引力应该代表着外向性，你可以将办公室和卧室的自然生态进行比较。办公室比卧室更加公共化，熟识的人会在交报告或者复印文件的时候经过。如果你是一个外向的人，你可以把你的办公室布置得足够吸引人，这样就可以让那些人停留。而在居住空间中，目标则相当不同了。即便是一个外向的人也不希望路过的人看见舒适的沙发，然后决定进来坐坐。所以，吸引力在这两个场景中的作用是不同的。结果，吸引力只会在一种空间内留下外向型的特征。

正如我已经指出的，泄露办公室主人宜人性的一个线索是办公室坐落的位置。宜人性的人倾向于在人流量比较大的地方办公，而宜人性不高的人则会跟他人保持一定的距离。这是观察者错过的一个有效线索。就像外向者一样，高神经质的人已经装饰了他们的办公室，但是正如我们所看到的，他们的装饰内容有细微的差别。外向的人保存的是周边人的照片，而高神经质的人则使用诸如励志的海报等装饰物使自己镇定下来。

东肯塔基大学的梅瑞迪斯·威尔斯已经进行了大量的研究，以了解人们利用什么样的方式使自己的办公室个性化。他基于对不同工作领域的二百三十多人的研究表明，绝大多数的装饰物和个性化物品都代表着外向性。外向的人喜欢展示那些将自己和朋友以及工作伙伴联系起来的装饰物，还喜欢摆放与自己的成就和价值相关的阅读资料。他们还会摆放植物以及 iPod 和收音机这类的音乐播放器，以便让自己的空间显得更加舒适。正如我们对莱昂纳多特征的理解，高开放性的人同样会展示阅读资料、艺术品以及与装饰物相关的音乐和戏剧。

威尔斯发现，女性整体上会比男性更喜欢摆放物品，而且她们摆放的物品也是不一样的。如果你发现你所在的办公室里有许多植物、小摆设和一些象征与朋友、家人和宠物的私人关系的物品，那么你更有可能是在一位女性的办公室。男性的办公室通常摆放跟运动和个人成就相关的物品。

威尔斯的研究表明，个性化对雇主和雇员来说都是有好处的。喜欢装饰自己办公室的人对自己的工作更有满足感、心理幸福感，身体也更加健康。所以人们会认为允许将办公空间个性化的公司，员工士气更高涨，员工的流失率也更低。的确，威尔斯认为，从一个办公室的个性化程度便可以看出这个员工对这个机构的投入程度。对工作尤其投入的员工通常摆放一些能够表现自己和同事、家人以及朋友关系的物品，他们比不投入的员工有更多的艺术品、小装饰物和纪念品。换句话说，这些工作专注的人会把私人的自我融入工作中，而不是把两者严格地区分开来。

我经常会遇到一些人，他们宣称自己的办公室和居住空间有很大的不同。例如，我有一个朋友，名字叫卡梅伦，他坚持认为自己的公寓是一团糟，但是办公室是相当整洁的。然而，当我对他的两个空间进行研究的时候，我发现，它们比卡梅伦所认为的更具相似性。他的公寓或许是有点秩序的，但是并不明显。在他的公寓里和办公室里的所有书籍都是放在书架上的，水平面上很干净，地板也很干净。他办公室里的书是整齐排列的，但是公寓里的书则更随意一点。但是，尽管这些区别对于卡梅伦来说很重要，可比起他的办公室（或者家）与我的另一位（叫艾米）朋友的办公室（或者家）之间的差异来说，这些都是极其微小的。在艾米那里，桌子下边，地板上，或者是花盆旁边的书都比书架上要多。

一个人在一个区域显得比在另一个区域更井井有条，这是一件很正常的事情。一些人真的会因为环境的不同而改变。所以在私人空间能发现这些差异也就不足为奇了。如果我们足够幸运能够检查两个空间的话，属于同一个人的两个环境之间的差异能够提供关于房间主人的个性和可能行为的有效信息。人们都认为“权力主义者”对地位比较敏感，他们会对地位比自己高的人卑躬屈膝。因此，一个权力主义者可能会把工作空间收拾得格外整洁，因为在工作的时候需要讨好上级。但是在家里却是一片混乱，因为在家里没有有权的人压迫着自己这样做。这个类型对于观察者来说是有用的，因为它可能表明工作环境的整洁是出于一个更高层次的特征——权力主义——而不是自身对秩序的欣赏。基于办公室与家之间的这种不同，我们还可以预测行为——期望房间主人能够准时地完成近期的项目工作，但是并不能如此确定他在周末能抽出时间清扫下水道里的树叶。

区块的智慧

现在我们已经观察过大量的房间，也在不同的地方发现了不同的特征。图

8.1 中的“区块分析”说明的是各种不同领域内的个性印象的准确性。我们在研究中将通过观察卧室、网站等形成的印象与人们的真实样子进行对比。这些领域的其中一些我们已经讨论过了：（1）社交网站脸书上的图片；（2）个人网页；（3）卧室；（4）办公室；（5）十首他们的经典歌曲光盘集；（6）几天以来，人们身上携带的微型记录器记录的日常社会行为；（7）简短的面对面接触。该图显示，在这些方面获得的信息是多么准确——区块越大，获得的印象就越准确。

区块分析帮助我们得出了一些比较广泛的结论，这些是进行单独分析时所无法得到的。首先，我们必须要考虑仅仅从一个领域便得出结论的风险。心理学领域中大量的关于印象形成的研究都是以面对面接触为基础进行的，并得出结论：开放性实际上是不能准确判断出来的，这个图说明这个结论偏离了目标。的确，在很多领域都可以准确判断出开放性，但是问题在于心理学领域过度依赖于面对面接触。

其次，我们已经知道，一些特征比其他特征更容易被发现。我的区块分析表明，在各个领域中开放性比宜人性更容易判断。最后，我们可以看到有些领

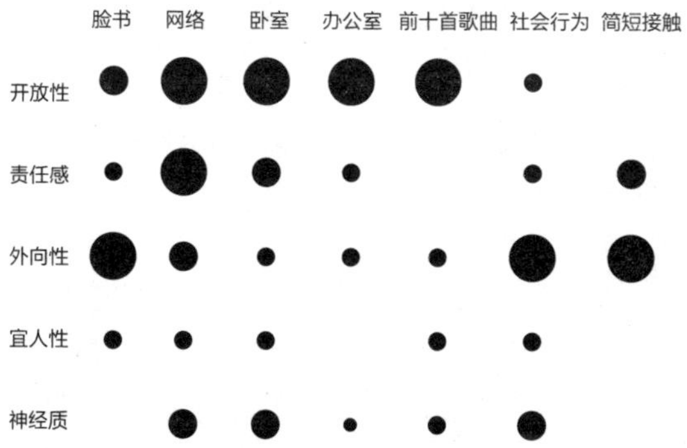

图 8.1　区块分析：各个观察领域内掌握人格特征的准确性

域提供的信息比其他领域多——网站能够提供很多关于某人的信息，而办公室能泄露的信息并不多。但是这些宽泛的结论模糊了一个更广泛更重要的点，那就是不同领域会反映出不同的特征。

这种观察对观察者而言是一个至关重要的暗示。它意味着最准确的印象将是从多个领域中得出来的。而且这意味着，你感兴趣的特征将决定你观察的关注点的方向。使用区块分析作为你的观察指南，你将发现居住空间是了解开放性、责任感，有时候还包含神经质的好地方。但是如果你想要观察的是他人的外向性和宜人性，那么观察一下他们 iPod 里经常播放的歌曲列表比参观他们的卧室会得到更多的线索。当你决定观察哪个领域的时候，就让区块做你的指导老师吧——这是我和我的同事在几年之前就期望学到的一课。如果能及时掌握这一课，当时我们对凯西进行研究生面试的时候，我们就不会在她的开放性和宜人性上得出错误的结论。

第　九　章

摆脱障眼法，让判断更精确

超级观察是一门艺术——一门根源于科学的艺术——在你掌握它之前，你需要了解一些障眼法，对于没有受过专业训练的人来说，可以理解为让人困惑或者误导人的线索。下面我们就来看一下，能够使观察成为一种有趣的挑战的五种障眼法。

障眼法 1: 第一印象很重要

猜一下这个问题的答案: 密西西比河的长度是否超过了 5000 英里？现在，再尝试回答一些这样的问题：密西西比河有多长？大多数学生都能正确地说出密西西比河的长度不到 5000 英里。当我在课堂上问密西西比河的具体长度的时候，他们猜测是 3500 英里左右。但是有时候我会问一些稍微不一样的问题。问题一：密西西比河的长度是否超过了 500 英里？问题二：密西西比河有多长？学生们再一次几乎每一个人都回答对了第一个问题——他们说密西西比河的长度超过了 500 英里。第二个问题与第一种提问方式中的第二个问题是一样的，但是学生们的答案却是大不相同。他们估算的平均值为 1500 英里，怎么会有这种结果呢？事实上，这表明人们会利用从第一个问题中得到的信息来估算第二个问题，尽管他们都知道第一个问题的答案没有什么指导意义（如果你想要了解这种影响有多大的力量，你可以自己尝试一下。让五位朋友回答第一组问题，再让另外五位朋友回答第二组问题，然后看一下他们对第二个问题的估算是不是有非常明显的区别）。

下面是另外一个例子。你可以自己先尝试一下，然后再与那十位朋友一起分享——当然是在他们意识到你这样做的目的之前。我将给你两道乘法题，但是你不需要计算，只需要用两到三秒的时间进行一下大致的估算。问题一：

1×2×3×4×5×6×7×8 的结果是多少？问题 2：8×7×6×5×4×3×2×1 的结果是多少？如果同时要求你回答这两个问题，数字是一样的，所以如果我们是纯粹的逻辑生物，那么我们对这两个问题的估算应该是相同的。然而，我们是心理生物——没有纯逻辑或者没有强大处理功能的计算机——所以我们会走捷径。当我让学生们回答第一个问题的时候，他们估算答案的平均值是 500。但是当我改变了这些数字的位置后，让他们再进行回答的时候，他们估算答案的平均值已经超过 2000。这是第一个问题答案的四倍。人们将乘法的前几个数字进行计算之后便以此推算出这个式子的答案。在第二个问题中，前三个数字相乘的结果就很高了（336），而第一个乘式前三个数字的乘积很小（6）。所以人们对这两个乘式的估算值差距很大。这表明在两个乘法算式的运算过程中，人们都低估了正确答案（40320）。另外，密西西比河的长度是 2320 英里。

这些例子说明了一个原理——锚定效应。它的意思是率先获得的信息对后续的判断有较大的影响。我们在各种各样的生活场景中都会使用锚定效应。当你为一个价值高于 100 万美元（你知道这个房子的实际价值）的房子出价 60 万美元的时候，你就使用了锚定效应，希望谈判有利于你。你十几岁的女儿打电话给你，模糊地说自己出了点意外。在一个恰当的停顿之后（这期间，你不可避免地会想到各种可怕的场景），她告诉你车门上出现一处小凹痕——这跟刚才你在脑海中形成的各种可能相比突然变得没什么大不了了。

锚定效应在我们形成对他人的印象这个过程中扮演着重要的角色。在一项类似于上面两个乘法运算的试验中，所罗门·阿希，社会心理学的首创者之一，他给参与者提供了六个关于目标对象的描述语，它们是：聪明的、勤奋的、易于冲动的、批判的、顽固的、嫉妒的。然后，他让参与者根据这六个词做出对这个人的大致描述。正如你所看到的，这六个词语中既有正面意义的词，也有负面意义的词。但是针对第一组参与者，他先给他们看正面意义的词语。而针对另一组，则先给他们看负面意义的词。其实两个组看到的六个词语是一样的。然而，阿希却发现，参与者对目标特征的描述却是惊人的不同。这取决于他们首先看见的词（聪明的、勤奋的、易于冲动的、批判的、顽固的、嫉妒的）是有正面意义的还是有负面意义的。下面是先看到有正面意义的词的参与者做出的一些回答：

这个人知道自己想要什么，并为此而不懈努力。他是一个没有什么天赋的、没有耐心的人，会很有抱负地扫清前进道路上的障碍。

他是一个有魄力的人。他有自己的信念，他对事物的判断通常都是正确的。他是一个以自我为中心的人，用自己的方式追求发展。

他是一个聪明人，幸运的是他将这种聪明用到了工作中。他的固执和冲动可能是由于他不知道自己在说什么，也不知道自己想表达什么。所以他不会轻易地向自己不赞成的他人的看法妥协。

先看到有负面意义的词语的参与者所做出的回答有很大不同：

这个人的一些好品质，例如勤奋和聪明，会受到嫉妒和固执这些个性特点的束缚，这个人很情绪化。他并不成功，因为他很懦弱并用自己的缺点掩盖了自己的优点。

这个人的情绪或许有问题，因为他嫉妒别人并且易于冲动。

稍微改变了一下词的顺序就足够改变参与者的看法。第一个词语便定下了描述的基调，是人们解读后续词的基础。在卧室、办公室甚至是网站上我们都发现了相同的现象。回想一下费尔南多的卧室，观察者看到了地板上的那双高跟鞋，便将房间的主人判断为女性。而且，形成这个看法之后便把房间主人作为女性来解读其他所有线索——尽管一些线索表示房间的主人就是一名男性。

对于观察者而言，引人注意的物品是一件喜忧参半的事情。他们可能会提供一条模糊的线索，或者会引导你误入歧途。以前我们在伯克利进行的卧室研究中，四十号房间的物品，以及这些物品的摆放方式说明，“这里住着一个有责任感的、传统的、聪明的学生”。这些书籍摆放得井井有条。明亮的书桌区域很整洁，而且很显然是经常有人使用。公告板的物品——日程表、备用的电话号码（比如图书馆的电话和停电时可以拨打的电话）和一张可行的计划表——强化了我们最初形成的看法。墙上的装饰物和书架上的书籍都表明他是有教养的和有责任感的人。范·莫里森、斯汀和琼·贝兹[①]的光盘集的摆放也支持这种看法。

但是我们发现了一个不和谐的因素。在书架后面的一个旧牛奶箱里有一个抽大麻的烟斗。这一行为是与一个传统的、专注的、成功的形象不相符的。我们的观察者们并没有忽略这个烟斗。但是这确实是他们应该忽略的，因为这个烟斗所传达的信息与房间中其他物品所传达的信息是迥然不同的。这是一个很好的理由——烟斗的主人应该另有其人。我后来了解到，这个烟斗是一个朋友的，那个朋友离开时请房间主人暂时代为保管这个烟斗（一如往常，房间主人很负责地把烟斗放在一个奶箱中，然后把奶箱放到书架背后）。

不同寻常的信息能够很轻易地影响我们对他人的看法。如果我们对人格感

---

① 琼·贝兹，美国乡村歌手、作曲家。

兴趣，我们应该关注那些有一致性的行为、态度、情感以及思想线索，而不是去关注那些截然不同的信息。诚然，那些分散你注意力的线索可能会涵盖一些关于瞬间想法或者某次行为的有效信息。但是极有可能他们会像高跟鞋和烟斗一样，对你理解房间主人的个性帮助不大。不幸的是，就其本质而言，即使是经验丰富的房间观察者也无法忽视这些不一致的信息线索。

想要得到一个更为准确的画面，超级观察者必须找到一种方式，使那些吸引人注意力的线索特点稍稍褪色，给其他的物品一些闪光的时刻。当我第一次进行卧室观察项目的时候，我决定咨询一下那些以此为生的人。尽管我和我的同事不能像美国联邦调查局的犯罪现场调查员那样封锁整个区域，然后打扫灰尘搜集指纹，但是我们仍然可以从中了解到信息。尽管我们得到的信息并非完全如我们所愿，但是我的这种想法没错。

当地美国联邦调查局分局的一位调查员同意前来与我们的研究组分享他们的证据响应小组的工作内容。他介绍的大多数内容都是直白的而且是有用的，其中还包括一些建议：如何拍摄房间照片以及如何图解空间（幸运的是，我们不需要根据他的小贴士检测血迹）。然而，他说的一件事却让我很困惑。他告诉我们说当他在一个犯罪现场进行调查的时候，他总是喜欢在这个空间坐一会儿。虽然他并没有告诉我们他这样做的原因，但是后来我还是意识到他是想采用这样的方式去淡化那些引人注意的线索，然后使其他线索显现出来。超级观察者可以明智地采纳他的建议：当你检查一个空间的时候，稍微停留一下，看看这个房间能够告诉你什么。可能与你第一次走进这个房间的时候，你对地板中间的高跟鞋的理解不同，它们可能会告诉你不一样的信息。

障眼法 2：从其他线索中得到的部分线索

当我们在日常情境中形成对他人的印象的时候，我们并不是把线索当作独立的因素来看待，而是把它们进行整合，从而形成一个整体的印象。假设我想在你和贝尼（我的一位朋友）之间牵线，我会告诉你他 quick、灵巧并且乐于助人。假设现在你的同事又想撮合你和波恩（她的一位朋友），她告诉你她的朋友 quick、笨拙，也乐于助人。你对贝尼和波恩的期望值可能稍微会有点不同。但是你的期望会超出单个不同的词语（灵巧的和笨拙的），而这样的期望值也会影响你对这一组词语中的其他术语的解读。

阿希的一项实验证实了这种现象。当我们把“quick”和“灵巧的”以及“乐于助人”组合在一起的时候，一位研究参与者就把目标对象的“quick”理解为“一种保障，动作平稳”；而另外一位参与者则理解为“动作快而且流畅”。但是把“quick”和“笨拙的”以及“乐于助人”组合在一起的时候，对“quick”的理解就有明显的不同：“为了努力帮忙，被迫变快”或者是“急急忙忙——为了完成立刻的请求，匆忙行动”。“quick”的意思因“灵巧”和“笨拙”而有所改变，因此就产生了两种不同的印象。这种障眼法，一个词语因为搭配的词语不同而产生不同的含义，不同于第一种障眼法中的锚定效应——指我们的第一印象对后续看法的影响。

大多数物种都对准确了解“他人”比较感兴趣。例如：羚羊特别想了解那些对它们有害的生物，如狮子——辛巴（电影《狮子王》中的一只狮子）看起来饥肠辘辘吗？人类也是如此，只是我们最主要的威胁来自于其他人类。因此我们会尽量与他人的行动保持一致。很多人也会提供给我们很大的好处，比如获得婚姻和友谊的机会，而且我们也想要快速地吸收我们能够得到的信息（正如我们在第七章中关于传统观点的讨论）。这样一来，了解他人便成了一项生存技能，我们会竭尽全力地整合各种信息，从而对我们在日常生活中遇见的人形成一个全面的印象。我们的行为能力很自然，以至于我们想都不用想。但是，如果你仔细观察整个过程，你会发现这是需要独创性的——已超越自觉意识。

我们能够本能地对分散的信息进行整合从而形成关于某人的完整看法，所罗门·阿希的印象研究是第一个系统分析这种印象形成方式的研究。想象一下，我告诉你关于一位女性的信息——我们就叫她艾格尼瑟吧——昨天晚上我在一个聚会中见到了她。我告诉你她擅长社交，但是显得很孤独。如果你跟大多数人一样,你会整合这些看似不一致的信息,然后得出一个单一的心理印象。或许，她是一名交际花，她有很多相识的人，但是没有交心的朋友。

这里还有一些看似不一致的性格特征：英明的和愚蠢的，有敌意的和可靠的，高兴的和忧郁的，严厉的和亲切的，以及慷慨的和有报复心的。试着想象一下这几组性格特征属于同一个人。很有可能你可以很熟练地把它们组合在一起编出一个故事。这项任务表明，人类在整合信息方面有很强的思维能力。观察者根据居住空间中的线索得出结论时，也需要这样做。我们检查过的一间卧室里的物品看似不协调——窗台上圣母马利亚的石膏像忧郁地看着下方，床头柜上是一个大而明亮的塑料菠萝。那么，这个房间的主人到底是严肃的、虔诚的还是轻佻的、愚笨的？屋内其他的物品回答了这个问题。当我们将圣母像和菠萝与假冒的猫王床罩以及戴着圣诞帽子的牛形圣诞彩灯结合在一起考虑时，一种更为广博的印象便生成：一个庸俗的收集者，他有责任感，有敏锐的美感。对于我们这些喜欢把卧室里、音乐集里以及其他地方获得的信息进行整合的人来说，最关键的结论就是我们形成的印象要多于这些零散信息的综合。不考虑语境的信息衡量方式会忽略潜在的重要社会信息。如果我们想象一下，在那个庸俗的收集者的卧室里，与圣母像放在一起的是一本《圣经》和教皇本笃十六世的传记，墙上挂着十字架，那么圣母像的意义就大为不同了——表明主人是一名虔诚的天主教徒。

同样，将床头柜上真人大小的骷髅头，与书架上一套仔细做了批注的医学文献、钉在公告板上的关于社会事业的印刷品、一份近期在南美做免疫项目志愿者的临时合约以及一些在旅途中拍摄的充满快乐的照片结合在一起考虑，便形成一幅连续的画面：一个专注的、投入的、聪明的、思想“左”倾、乐观的人。如果与这个骷髅结合在一起的是满墙的 T.S. 艾略特[①]的《荒原》以及由七块黑色木板组成的衣柜，一幅非常不同的内部和谐的画面便呈现出来。

正如我们在第一章中看到的，这种不一致——比如那些针对自己和针对他人的身份标签的不一致，或者是前院和后院的不一致——能提供给我们了解房间主人潜在动机的关键因素。这间办公室可能看起来很干净，但是这种条理能保持多久呢？想要确认这种组织性是真实的，而不是一个形象工程，你可能会查看桌子的抽屉。你经常会发现一个看起来明亮干净的桌面或者一间整洁的卧室只是一种表面现象——桌子的抽屉里可能杂乱地放着钢笔、铅笔、便利贴、回形针、胶带、邮票和计算器；衣柜里堆积着冬天的大衣、裤子、运动鞋、钱包和手套。你的观察对象正试图减少混乱，但是这种整洁只是停留在表面。真正喜欢整洁喜欢到骨子里的人要等到那些看不见的东西也摆放在正确位置之后才能安心。观察专家会将信息进行整合，形成一个更加丰富的观察对象的肖像画。杂乱清除专家埃里克·阿拉哈玛森称之为“伪造的整齐”，这种人建造出轮船的外形，停靠的却是船的残骸。

---

① T.S. 艾略特，英国诗人、剧作家和文学批评家。

我们再来看看福瑞达（第一章中提到的那个寻求刺激的人）的房间。她的房间里靠着墙边摆放着滑雪板、冲浪板和滑板——这证明着她是一个寻求刺激、活力十足的人。在柜橱里我们的评估者发现了大量的白酒——几瓶龙舌兰、伏特加、杜松子酒和圣鹿香草利口酒。将房间里的其他物品也放在一起考虑的话，我们就能推断出房间主人会用白酒来激发、提高兴奋度。如果这个房间里有一张舒适的扶手椅放在灯台和一堆书旁边，立体音响设备里播放着让人沉静的爵士音乐，我们可能会猜测：房间主人喝酒是出于不一样的目的——为了放松和镇静。

障眼法 3：利用看起来和我们进行判断的特征无关的线索

当我第一次对从卧室里收集到的数据进行分析的时候，我很惊讶地发现，在卧室里仅仅待上几分钟，我们的观察者就能准确地评价房间主人的魅力。他们从来没有见过房间的主人，所以他们不可能使用直接线索。而且他们没有利用照片，因为我们把房间的照片遮住了。我们也将可能是线索的年龄排除在外，因为研究中的所有目标对象都是年龄相当的。因此，观察者是如何做到的呢？在进一步阅读之前，请先猜一猜。

我们不允许观察者拉开抽屉或者衣橱。但是衣物是随处可见的，挂在椅子上，丢弃在地上，堆在架子上或者放在一个柜门开着的衣橱里。所以，你可能会认为衣服的尺寸、风格以及服装的剪裁都泄露了房间主人的魅力，但是并不是完全如此。问题的答案在我们掩藏照片的方式里以及心理学家了解到的人类的恋爱方式里。

我们不想简单地挪开照片，因为我们知道我们可以从照片的数量、摆放的位置以及照片的类型方面了解到很多。一张装框的快照显示了童年时代的房间主人和她的父母。这张照片传达的信息不同于墙上那些光鲜亮丽的照片，照片的主题包含大量的信息。你会摆放一张自己在印度一座雾气缭绕的山顶上静静地冥想时的照片吗，或者会展现那些记录你和一群信任的朋友在城里彻夜狂欢时的欢乐照片吗?

我们知道人们会单纯地凭借他人的外在来进行判断。所以，我们不能让观察者看到我们正在观察的房间主人长什么样子。我们面临的挑战就在于让观察者了解房间主人所做的事情，而不能让他们直接看到房间主人。我们的解决办法就是把照片留在原地，只需要盖住房间主人的形象。观察者还是可以在照片中看到其他人。他们可以根据照片里人物的姿势和活动很容易地判断出有些人是房间主人的恋爱对象。在一张心形相框中，房间主人（被盖住）正亲吻着另一个人，这使得真相暴露无遗。

当观察者将自己对房间主人的印象和我们对人类恋爱方式的了解结合在一起的时候，关于魅力的线索便呈现出来。人们喜欢和自己魅力相当的人交往。这已经是一个有大量资料证明的现象。因此，我相信我们的卧室观察者只需要看看照片里房间主人男朋友或者女朋友的样子，便可以推断出房间主人的相貌。如果照片里房间主人的恋爱对象看起来像布拉德·皮特，那房间主人也应该是很养眼的。

我们还没有通过实验来检验这些观点，但是这个例子还是很有趣的，因为它表明这些微妙的线索（照片中的信息）是如何准确无误地与暗示的信息相结合——人们寻找和自己一样有魅力的伴侣——从而形成对他人的印象。关于魅力的观点往往都是准确的。但是对于超级观察者来说，更宽阔的思维是，如果你点子多，当你对别人进行观察的时候，你可以充分利用间接的线索。

再回想一下利特尔和佩雷特关于面部的研究（在第五章中介绍过）。那些心理学家发现根据合成图像得出的人格判断通常都是正确的，尤其是关于女性的面容。判断者们判断出由十五个外向者合成的一张面部图像比由十五个内向者合成的面部图像更具外向性。他们还发现，一些特征是不能被准确判断的——例如：男人的宜人性。精明的判断者还可以根据其他面部线索推断个性——从表面上看，与个性无关的特征可以作为根据面容了解人们个性的一个秘密途径。具体来说，利特尔和佩雷特发现，虽然判断者们并没有此类联系，但实际上是被认为缺乏男子汉气概的面容标志着男性的宜人性。同样，女性的宜人性也与面容魅力相关，判断者们还不知道这一点。

障眼法4：注意差异

人们在两个维度中传达的信息是能变化的——作为一个超级观察者，你应该考虑到这两个维度。一个维度是指人们对环境的控制度。你能够很好地掌控你的网站、电子邮件的签名引语、你的语音信箱、你对书籍的偏好、你博客的进入方式、你钱包里的物品以及内衣的剪裁。但是你却不能决定自己的国籍、你的语言风格以及你的梦境。第二个维度则反映印象的形成过程是公开的也是私密的。形体魅力、语言风格、地理位置、汽车保险杠贴纸以及网站这样的事物是任何人都可以看得到的。而其他的一些事物——梦境、思想、日记的打开方式、密码和内衣——则更加私人。

了解物品所属的维度可以帮助你决定寻找线索的地点。例如：如果你想了解此人希望别人如何看待自己，那么你就应该选择那些可以控制和公开的事物。网站上的个人简介和保险杠贴纸就是很好的例子。但是如果你担心观察对象正尝试欺骗你，然后你想将这些公开的事物和那些更加私密的事物进行比较（如果你足够幸运能够了解到私密事物的话）。如果你看到一个网站，从上面可以了解到这个用户非常喜欢古典艺术品、音乐以及文学作品，但是随后你在他的房间的书架上发现的却是一些垃圾小说，这时候你就需要注意这可能是一个施障眼法的幕后人。

这种常用的观察策略——将容易控制的物品（通常是身份标签和情感调节器）与不易控制的物品（通常是一些行为痕迹）进行比较——采用了许多我们迄今为止已经检验过的特例，例如：将前院和后院进行比较，将办公室与卧室进行比较，将咖啡桌上的书和书架上的书进行比较。

这个双维度体系之所以有用，是因为当你将物品进行比较的时候，它提醒你问自己一些重要的问题：这些物品是公开的还是私密的？观察对象对这个物品的掌控程度是多少？一个观察新手可能只会注意观察对象的音乐集，但是一个超级观察者则需要区分出哪些音乐是公开的（起居室里播放的唱片集），哪些是私密的（办公电脑里的播放清单）。观察初学者可能会注意到观察对象的照片或者画作，但是一个有经验的观察者想要区分观察对象可以掌控的（冰箱门上的冰箱贴）和不能掌控的艺术品（所有办公室都挂着的图画）。

要做一名高级的观察者，就要求你即使是处在相同的背景下也可以意识到掌控的不同程度。脸书上的个人简介就是一个很好的例子。因为虽然用户可以完全掌控自己在个人简介页面上的所有信息，但他们却不能控制其他人在介绍中上传的信息和照片。从技术层面而言，用户可以删除土气的信息和真实的照片。但是正如每个人都知道的，人们都认为不断删除自己不想要的信息是一种不好的行为。观察者会抓住这次机会，去研究已经验证的内容和未验证的内容之间的不一致。敏锐的观察者将会注意到，我的朋友们上传的那些图片展示出的是一个大大活泼的我，从某种程度上说，这破坏了我在脸书上的形象。

障眼法 5：知己知彼

我的卧室研究一直依赖于那些友好的志愿者们，是他们允许我和我的团队走进他们的私人空间。所以我们在走进第一个卧室之前，我需要确定我们的八位判断者是经过良好训练的，而且是整装待发的。我决定把我自己的房间贡献出来，作为“实践基地”。我并没有告诉我的团队，这就是我的房间。而且我像往常一样谨慎行事，盖住了我所有的照片和任何跟我的名字相关的东西。训练有序地进行着，但当我们结束的时候，两个男性判断者把我拉到一边，告诉我说他们已经知道这是我的房间。真的吗？ 我问他们是怎么知道的。他们说他们知道我开哪一款车，而且他们在书架上看到了那款车的使用指南。几分钟之后，两个女性判断者也把我拉到一边，她们说她们知道这是我的房间。真的吗？我再次问她们是如何知道的。她们说她们认出了地板上我的衣服。

这个早期的经历预示着一个我反复得到的教训：判断者如果想了解他人，掌握专业知识是至关重要的。当我查看一个女性公寓的时候，我发现了一支口红，我看到的是一支口红。但是很多看到这个相同证据的女性看到的是一支 MAC 唇彩或者封面女郎唇彩或者其他品牌。由于我化妆品方面的专业知识积累得不多，我已经想不出关于口红的其他品牌。一位女性不仅对口红的品牌比我更敏感，她可能还会知道每种品牌背后的内涵——这种品牌是昂贵的还是便宜的，它与何种形象相联系。或许她还可能根据唇膏的色号以及使用方式来了解它的使用者——从口红本身的形状是否可以看出使用者是匆忙涂抹还是仔细涂抹的？这种信息加上房间里的其他线索就可以让她的判断比我的更加充分。

同样，我们的学生判断者也是解密宿舍物品的专家。他们能看到我会忽略的特征，而且他们会得出一些我找不到的结论。一个学生判断者发现了扣子，它是一个过分笃信宗教的校园社团的象征，而这个是我所不知道的。由此他推断出房间主人反对同性恋权利，反对堕胎。在另一个房间，我没能认出床上方的海报中的乐队，但是判断者们很快就识别出他们是当代的摇滚音乐家。于是他们提高了房间主人在开放性方面的分值。

障眼法5要解决的问题是：如何提高你的专业技能，成为一个更好的观察者？答案很简单，首先就是增加你对事业的投入度。首先，你必须熟知被观察者的语言。我没有电视，当我观察学生的房间的时候，这置我于一种劣势。所以我招募了一批天然的专家，寻求他们的帮助——其他的学生。但是如果要求我一个人去评估宿舍，我就需要做功课了——买一台电视机，看看现在最流行什么节目。我也会确保自己能够跟上时代的步伐，了解学生的音乐偏好。

想要在自己不熟悉的领域做一位专家并不是一件很容易的事情，但是会有捷径。首先快速观察一下其他可以用作比较的空间。在我对一间办公室进行分析之前，我会尝试先看看这个机构当中的其他办公室，以便了解办公室语言。例如：如果我已经了解到办公室明文禁止更改电脑的显示设置，我就能理解这种个性是缺乏的——屏保不是亲爱的人的照片。台式电脑上没有个性的色彩方案——这更多地表明公司的偏好而不是个人的个性。有一次，当我查看一个办公室的时候，我注意到办公桌上显示器下方有一个备忘本，这让我提高了物主在组织方面的得分。而在另一个房间，我在一个空书架上又看到了一本同样的备忘本。在第三个办公室里也看到了另一本。我很快就意识到，这是公司给每个员工配发的，而我自己却在剩下的办公室里玩寻找备忘录的游戏。更重要的是，我又降低了在第一个办公室里给物主在组织方面所提高的分数。因为我意识到那种个人的管理工具并没有我原来想象中那么有价值。

第二种提高专业技能的方式就是找一个向导。如果你想趁一位女性在家中办鸡尾酒会时观察她的房间，那就找一位女性帮助你。在你的指导下，她能够解读分布在四周的神秘线索。

在她的帮助下，你能发现的将不仅仅是衣橱下的一双鞋子。这双鞋子是马克·雅各布[1]设计的最新款。鞋子的后部有些起皱，鞋带也被拉长。这表明她总是匆匆忙忙地把脚挤进鞋里，而不是小心翼翼地解开鞋带以备下次出行。有一次我在观察一位女士的浴室时，就暴露了我的弱点，我很警觉地看到毛巾上方的架子上有一些神秘的处方药。我不知道这些药的用途，所以我发短信给专家，专家说我的新观察对象并没有疯，她只是容易过敏。

最后一种你能够提高专业技能的方式——这对各方面的观察都很有帮助——就是简单地进行提问。每当我第一次进入一个房间的时候，我都会针对房间内的物品问房间主人问题。我所获得的信息，尤其是和其他信息相结合的时候，能够帮助我使其他的线索也变得有意义。所以我可能会问：你为什么要把啤酒放进微波炉里？为什么把海鸥挂件挂在离你桌子这么近的地方？那本海明威的书意味着什么？照片中的那些人都是你的什么人？即便你没有在观察，你也应该提问，因为每一次你的提问都将拓宽你的专业技能。很快你就会成为一个好的观察者。

在第十章当中，我会描述自己在一次独一无二的机遇中怎样有效地利用了本章介绍的障眼法。

---

① 马克·雅可布，美国知名服装设计师。

第　十　章

从办公室寻找秘密，勾勒人物个性

2006 年 1 月，我接受了一份特殊的观察任务——查看电视演播室的办公区。这是美国广播公司《早安美国》栏目两位主持人的办公室：在公众的心目中，我一定是一个私人侦探。我认为这将给我一个大好的机会，可以展示我是如何将各种信息线索拼接在一起的——判断哪些物品是重要的，哪些是没有价值的——以绘制成一幅办公室人员的个性肖像画。

早安美国

我会通过广播现场直播我的发现，但是按照我的行程安排，我没有时间亲自前往《早安美国》的办公室，制片人只能把办公室的照片发给我。我的观察对象是查尔斯·吉布森和麦克·巴兹，前者一直以来都是新闻主播，后者是一位年轻的通讯记者，他刚加入节目不久，主要播报天气预报和趣闻特写。我有理由担心自己对这两个人的现有了解会影响我对他们的判断。幸运的是，虽然我是一个夜猫子，但是我没有电视机，所以我从来没有看过这个节目（虽然人们善意地建议我不要让别人知道我对即将到来的评估对象全然不了解）。只有照片，没有我可以摸、可以踢、可以闻的现场，这会成为我观察的阻碍。但是还有更大的挑战等着我。

我的工作就是找出这两个为同一个公司的同一个电视节目工作的人之间的差异。究其性质而言，早晨的节目更容易吸引那些充满活力、充满热情，还善于社交的上层人士。在大多数的领域内，要想获得成功都需要具备管理技能和规划、维持事业的能力。因此，从这些人身上一定能够了解到很多的特征信息。这比电视主持人和图书管理员，或者建筑师，或者地方夜间节目的通讯记者之间的差异要多得多。因此，我同意接手这个任务。我猜想我究竟能从这两个人之间找出多少不同。当我看到照片的时候，我的担忧便烟消云散了。

我首先观察的是查尔斯·吉布森的办公室。下面是我在照片中看到的：门的右侧是一个矮的书架，上面有一台电视机。电视机的旁边，也就是书架，顶层有一只毛绒小老虎和一把钥匙。书架的下一层放着几本书，我打算先从这个地方开始观察。书籍能泄露很多信息。显然，大多数的书能够泄露出吉布森具体的特别的爱好。具体是什么主题的书呢？是军事方面的书吗？是科学方面的书？还是宗教方面的书？冰岛的前卫艺术？从这些照片上看，大部分书都是汤姆·克兰西和丹·布朗这些畅销作家的书。在大多数情况下，据此能够推断出吉布森属于大众品位。但是对于吉布森我只能暂时持有这种观点。因为很可能是因为工作他才摆放这些书籍，他在工作中有时候需要采访一些作家。单凭这一点并不足以排除书籍所传达的所有信息。毕竟，这是他的工作。如果作家们没有吸引到他，他会有多成功呢？而且如果他对这些书没有兴趣，那他还会保留它们吗？

收藏的书籍主题宽泛是很能说明问题的。正如我们在第八章中看到的，收藏的书种类繁多（即使数量不多），也是证明一个人对未知体验的开放性的强有力线索。某个人书架上的书展示的是此人的智慧风格和观点。在开放性方面得分高的人往往喜欢抽象思维，他们心胸开阔，富有创造力和想象力，而且比较有理性（开放性属于莱昂纳多特征）。所以，依据书架上的书的种类，我稍微给吉布森在开放性方面加了一点分数。他可能并没有某些书暗示的那么传统。

除了书的主题和类别之外，我们还可以从书籍的摆放形式上（井井有条还是无人管理）来获得一些信息。吉布森在书架上的书籍摆放并没有特别之处。一些是竖着放的，一些是直接插进去的，还有一些是平着放的，并没有按照书籍主题，或者作者，或者封面颜色，或者大小这样的顺序来摆放。我怀疑吉布森只是把最近看的书摆放在最上边了。各种书也没有整齐地排列起来，但至少大多数的书是摆放在书架上的。这已经比其他办公室好多了。作为一个办公室观察者，我把他在秩序方面的最初得分暂定为中等偏低。

我不知道要怎么把握这些书对于了解吉布森的兴趣所起的作用。如果我可以进一步查看这些书的话，从书架上取出一些书，然后仔细地进行审阅。我可以通过观察书上是否有翻阅的痕迹来了解吉布森是否阅读过这些书。我可能还会发现其他的线索，比如：书页间的松饼屑或者书页边缘上的笔记（揭示了他的思想，暗示着尽管他工作很专注，但是他对待书有点漫不经心）。

如果通过观察，我发现书本上没有被阅读过的痕迹，那我就会猜想原因了。各种可能的原因浮现在脑海中。或许正如之前猜测的，收集这些书就是出于工作的原因。到其他办公室看一下是否有类似的书收藏便能解决这个问题（详情请参照障眼法 5）。又或者吉布森原本是打算看这些书的，只是他抽不出时间。如果是这样的话，他可能是一个不现实的乐观规划者。他可能会很忙，但是他应该知道这一点。如果他比较现实的话，就应该规定相应的购书量。或者他在书架上放上一些自己不读的书是为了给别人留下一个好印象。

为了研究这一点，我需要查看一下这些书是如何摆放的：他是否把那些引人注目的书都放在了最前面，为了让拜访者能够看见（牢记障眼法 4——注意差异）？尽管人们总是企图用这种方式给人留下一个好印象，但是就像我们在第六章中所看到的那样，想要扯下欺骗的面具比你想象的要困难得多。

当我把吉布森的办公室照片和麦克·巴兹的办公室照片进行比较的时候，巴兹办公室的精简状态让我震惊。这暗示着巴兹更注重的是功能，而不是审美。和吉布森相比，如果巴兹面临着要在功能和观赏性之间进行选择的时候，我怀疑他会比吉布森更倾向于功能。“它有用吗？好，那我就要它吧。不，我不在乎它有多难看。”

我们来看一个例子：巴兹的台灯底下缠绕着一团线，不太好看（但很高效）。他没有尝试着做一些事情让这个房间看上去更让人愉悦。他的书柜是空着的。由此可以看出巴兹比吉布森更加具体更加传统。

在吉布森的书桌上我发现了一个线索，这个线索可以证实我最开始的时候对他在组织风格方面的评价。橡皮筋不在橡皮筋盒子里；桌子上的物品也是随意摆放的；桌子上的日历已经有二十天没有更新过了；而且只有几支钢笔是放在笔筒里的。桌子上传达出的信息和书籍随意摆放所泄露的信息是一致的。这表明他的生活并不是井井有条的，至少跟麦克·巴兹相比而言是这样的。

但是按照客观标准来说，吉布森的办公室很不错。如果进行进一步的观察，并分析这种潜在的无组织背后的真正原因的话，我可能还会了解到更多的信息。他的没有条理很可能是因为他根本就不关心，又或者他关心但是他自己没有能力维持这种有序的状态。吉布森办公室里的物品布置方式显示，他是属于后者。房间里有许多外部标志——一个办公桌文具盒（带皮筋的）、一本日历和一个笔筒等——这比其他办公室要多。所以他是有想要有秩序的抱负的，只是他处理这些东西的方式不同于传统意义上的有秩序的人。他不是一个完全以时间为导向的人，所以他并没有有规律地更新日历 [真正有秩序的人会把显示有误（千万不要连月份都弄错）的日历看成是一种警告：秩序被打破了。今天弄错日期，明天就是街头暴动了]。

桌子上装文件的抽屉并没有完全关上。如果吉布森是个真正有洁癖的人，那么在他的视线范围内如果有一个半开着的抽屉，他是不能专注于他手头上的工作的。他的桌子上有便利贴，但是最重要的是，它太远了，根本够不着。所有这些物品都表明实际上他还是渴望有秩序，也就是说他确实是看到了有秩序的价值。所以说他是一个偶尔有秩序的人（偶尔有秩序的人总是会顺其自然，只有当乱到无法容忍的时候，他们才会进行一场大扫除），我不会觉得奇怪。我还注意到，桌子上有一些盒子。如果这些盒子是用来装文具的话，这又可以暗示吉布森想成为有秩序的人的高尚意图。

桌子上还有一个收件箱，里边有一个绿色的棒球帽。否则就是空的。这暗示着事情都处理完毕了。或者箱子底下的一层灰尘说明吉布森根本就没有用过这个箱子。或者箱子被用来装帽子，再加上其他一些证据，我猜测这个箱子已经被弃用。

那么区分吉布森无序的各种可能原因的意义是什么呢？从一个杂乱的桌子上得出的结论在哪一种情况下都是一样的。好处就是可以了解在其他的情况下他重视的是什么。例如：我确定吉布森已经意识到了秩序的价值，所以如果有人让他做一些事情——完成一份工作报告或者清理垃圾——吸引他对秩序的需求才会有意义。有些人之所以让他们的桌子混乱不堪，是因为他们并不重视秩序，并不能发现秩序的吸引力。

并不是所有人都渴望有秩序，也不是每个想要成为有秩序的人都以失败告终。我们可以用“渴望的自我”这个概念来判断哪些没有条理的人是希望自己是有秩序的，哪些没有条理的人根本就不在乎秩序。了解这类信息，对你的日常沟通也是有帮助的。例如：当你会见一个欣赏秩序的无秩序的人，这会激励你清理办公室。而那些不在乎秩序的人更喜欢参加秩序松散的会议，喜欢顺从大家的意见。我的一个同事就是那种不在乎秩序的人，她的办公室就是一个灾难区。但是有一天，我含蓄地提醒她要注意办公室的状态，她告诉我这间办公室之所以这样是因为她要换办公室了。她向我保证她的新办公室肯定会比现在这个好很多。然而她的话并没有让我信服。因为我知道办公室的秩序完全不在她的考虑范围之内。而且我非常确定，她的新办公室跟这间相比也肯定好不到哪里去。

不像我的这位同事，吉布森不会轻视秩序。就在我开始拼凑吉布森的个性肖像的时候，我意识到他好像有一种“我真的该抽时间做”的个性——也就是说，他属于典型的“行动滞后于想法”的这类人。他的这个个性特征通过他的桌子和书籍的摆放（如果进一步观察，我们会发现他的很多书是没有被阅读过的，只是放在那里给别人留下印象用的，那么我们就可以从这些书中了解到他的个性特征）表现出来。还有什么其他的证据能够支持或者反驳这个假设吗？

靠墙有一排杂货箱，它们看上去像是装满了文件和纸。这是否意味着吉布森正在变得有秩序了呢？把物品放进箱子里是一个好的开始，但是真正有秩序的人会给物品安排一个永久的储放地，甚至还会在各类箱子上贴上有颜色的编码标签。我们很多人很快就不会再去关注那个箱子，但是进一步观察你会发现，所有的事物并没有摆放在它们应该在的位置。我在吉布森办公室的画中，确切地说是画的位置，发现了另一个线索，这个线索可以解释吉布森的这种“我真的该抽时间做”的个性。他的办公室里有两幅画——一幅画是他家中某幅画的放大图（这是我后来知道的），另一幅装裱过的画是普林斯顿大学的一个建筑物。很有趣的是，这两幅画都没有被挂起来。那幅放大的复制品靠在墙边，而普林斯顿大学的那幅建筑图在打印机上摇摆着。像我们大多数人一样，对吉布森而言，这已经足够了。但是对于那些在秩序方面得分很高或者那些深深地在乎美学的人来说，这远远不够。要是我亲自监察办公室的话，我会很快地查看一下其他的办公室是否有人确实在墙上挂着艺术品，而后排除该公司明文禁止在墙上挂挂钩的可能性——参照障眼法 5。

有想法，没行动

就像我在吉布森的办公室所做的了解一样，我偶尔会发现“有想法，没行动”的证据——所有我们应该做的事情，由于我们的个性，我们没有做。这些没有实现的愿望往往是我们真正想做的事情——“改变形体”“变得有序”和“花时间去放松”。一个好观察者会发现失败的解决方案：没有开封的游泳眼镜正在桌子后积上灰尘；过期的健美操班计划表；刚到期的健身房会员卡。从史泰博购买的大量无用品泄露了乐观（但是不现实）的办公室管理者的信息。收集这些愿望的证据很容易，但是将其付诸实践进行解读就比较困难了。

我们很多人都认为环境改变——一份新工作，甚至是一间新的办公室——是进行改变的大好时机。几年前，当时得州大学心理学系搬进了一个新楼。我借此机会开展了一个小的研究，看看人们是否会真正追寻他们的愿望。在换新办公室之前，我们查看了以前的办公室，在换新办公室之后，我们又查看了新的办公室。那些办公室比较杂乱的人可以借机重新开始了。

我可以想象我的同事们说：“对我来说，新的办公室将标志着一个新的有序时代的开始。”当然，这是不可能的。由人们的愿望和个性决定的生活方式之间存在着巨大的差异。在新的办公室里，证据是显而易见的：彩色编码文件杂乱地摆放着；即时贴还带着包装；名片还随意地塞在盒子里，等待着神秘一天的到来，到时候有时间按字母顺序整理一下它们。

只观察过旧办公室的观察者和只观察过新办公室的观察者得出的结论是一致的，这一点都不让人觉得奇怪。而且，如果我们在一年或者两年之后对比这两种观察者的看法，我会期待这种关联性在增加。一开始的时候，他们都会理性地使用文件夹、标签和盒子。但是过一段时间之后，他们就开始瓦解。再一次，他们会辩解道：“该死的，我没有那么多的红色文件夹，所以只能用黄色的了！”

办公室不是唯一一个使愿望幻灭的地方。观察一些人的家也会发现这种“有想法，没行动”的标志。原本打算进行放松而准备了香烛、脚部按摩霜、浴油以及 iPod 播放列表中的舒缓歌曲——但是最终你会发现按摩霜还是满的，蜡烛几乎没用过，经常播放的歌单中那些舒缓的歌曲消失了。因为那些源于个性的无尽压力和我们自己创造的生活，那些独处的时刻不太可能发生。

当然，真正的改变也是有可能的。但是想要实现这种改变是很艰苦和困难的。因为你必须与潜在的本性以及日常生活中面对的压力和承担的义务相抗争。

在不改变你做的其他事情的同时，很难在每天都有一次自我放纵。所以只有在生活发生巨大变化的时候，我们才会有明显的个性变化——当我们为人父母的时候就需要承担更多的责任，因此责任感也会随之增强。

想一下那些实现的、未实现的愿望，它们让我们明白，我们不能将一个简单的线索和一个个性元素等同起来。正如我们在障眼法 2 中所了解到的，一些线索部分是从其他线索中得来的。仅凭一些蜡烛不足以说明主人想让自己放松。一个敏锐的观察者不仅要将那些使人平和的物品以及它们的摆放位置考虑在内，还需要考虑观察对象的浴室环境：如果你在浴室架子上看到一个没有燃尽的蜡烛，浴室里还有一瓶浴盐、一副眼罩、一副用旧的去角质手套和一些蜡痕，它们说明房间主人是很愿意花时间去享受的，而且事实上她也这样做了。你就可以以此为基础，去了解更多的关于房间主人的信息。那位喜欢享受的观察对象是如何放纵她自己的呢？你有没有看到关于名人八卦的杂志？或者是美食烹饪方面的杂志？或者是异域旅行方面的杂志？或者是色情书籍？这些物品都为指导你进一步了解观察对象提供了有价值的信息。在情人节之前，进行一次不错的观察或许可以帮助你决定是预订一个四星级餐厅还是带她去桑给巴尔岛给她一个惊喜。

勾画查尔斯

我们先回到查尔斯·吉布森的办公室，我从他的办公室摆放的画作中寻找他价值和身份的线索。他可以选择的画作有很多，为什么他偏要选择这两幅呢？打印机上的普林斯顿大学建筑的那幅画很有趣，因为普林斯顿建筑物的画作周围——还有只毛绒老虎。

我猜这所精英大学是吉布森的母校——我还尝试从他的常春藤联盟的身份标签中进行推断。但是正如我之前所注意到的（回想一下斯蒂芬妮的海鸥），一个好的观察者必须在下结论之前确认物品的来源。或许他的女儿是普林斯顿大学的学生，或许是参加电视节目的嘉宾把这幅画送给了吉布森。

其他的信息告诉我吉布森留下普林斯顿大学的身份标签。后来，当我在看播放我一些研究的片段的节目时，他有两次提及自己在普林斯顿的时光。更有趣的是，他对这段经历的回忆会继续融入他对自己的看法当中。并不是所有的成年人——查尔斯·吉布森已经六十岁了——都乐意公布自己的大学经历。显然，他以能够进入普林斯顿大学而骄傲，而且这也激起了我的观察欲望。这段经历对他来说意味着什么？高地位？更卓越的学术标准？或者是人生中一个重要的转折点？如果我能够进一步更好地了解吉布森，我可能已经想要去探究他与常春藤有关的过去，以及这段经历和他个性的关联。

跟吉布森一样，我们每一个人都会把一些经历融入自我认知中。在我居住过的城市奥斯汀，很多人都会因为跟得克萨斯州有关联而感到自豪。他们热衷于通过保险杠贴纸、旗帜、T 恤衫、商店名称、衣着和文身来表达他们的热情与自豪。的确，一名参观者表示，自己从来没有到过这样一个州，在这里你不可能不知道自己在哪里。你需要擦亮你观察的眼睛以留意这些线索。在我们研究过的办公室里，有大量的和过去某些时刻、某些地方和某些集体相关的象征性物品。这个办公室里，桌子的上方钉着一面匈牙利国旗；在另一个办公室里有一个水晶球和三个希腊符号，这表明其主人对联谊会的忠诚。

同样还是在吉布森的墙上，在打印机的上方，有一张外国的地图。我们的研究表明，喜欢收藏地图的人有着广泛的兴趣，而且这是心胸宽广的证据。但是我们并不清楚这里的这张地图是否真的是为了满足吉布森的求知欲：它恰巧钉在打印机旁边，查看起来并不方便（而不是放在一个适合做白日梦的地方，盘算着去那里旅行时候的所有机遇和兴奋）。从地图的摆放位置来推断，它似乎是出于工作的原因。或许是吉布森为了报道，而需要留意地理轨迹。如果是这样的话，这条线索就被抑制而不能说明他心胸宽广。可以非常肯定的是，这张地图描绘的是阿富汗。那时它是新闻的重点。吉布森是一个新闻人，他需要知道他正在报道的新闻涉及的地点。

从艺术品上了解到的信息可以作为补充，使我从吉布森的办公室的书籍中形成对吉布森的印象的补充。这些画作有点不同寻常，它们是复制品不是原画。这表明他的艺术喜好，表示这个人在开放性特征上的分值略高。但是吉布森办公室的大部分墙体都是空的——这使我想到观察中一个比较基础的方面：关注缺失——一面空墙、空荡荡的窗台或者上面没有照片的壁炉——和关注存在的物品是同样重要的。

当你衡量一面空墙或者空无一物的文件柜上方的时候，看看周围的类似空间，这将成为你进行判断的标尺。在我们观察过的一间办公室里，我们看见墙上贴着四张明信片，还有一些贴纸和两张海报。如果这是一个零售银行的办公室的话，这会是我们已经评估过的装饰最多的地方；但是如果这间办公室属于一家广告公司，那这间办公室里星星点点的装饰与隔壁办公室里大量的精美装饰相比就显得贫乏了。

麦克·巴兹：沉积的情感

当我将吉布森的艺术品和通讯记者麦克·巴兹的办公室中的物品进行比较的时候，他们装饰的一个特点将他们两个人区分开来：家人的照片。巴兹的办公室里放着自己的照片、孩子的照片和妻子的照片。将巴兹的布置与吉布森的办公室进行比较，我们发现吉布森的办公室里没有一张家人的照片。这表明巴兹不太能将工作中的自己和家庭中的自己分开。

我在巴兹的办公室里发现的最有趣的事情之一便是他摆放照片的方式。在窗台上摆放着几张精心装框的家庭照，照片中每一个人都在镜头前展露出最美丽的微笑。但是谁可能看见这些照片呢？如果坐在桌子旁边，巴兹必须要转过身才能看得见；但是一个坐在巴兹对面的拜访者则可以从两侧看见后边照片中他的妻子和孩子。这是典型的针对他人的身份标签。巴兹不仅告诉我们他的价值观，还给了我们一个了解他的私人生活的机会。这本身就表明他的家庭和工作之间的界限是模糊的，可以相互渗透的。

不过，并不是所有的照片都是为了给他人看的。在他左手边的公告板上，巴兹还展示了一些他的孩子的照片。这些照片被排成一小排垂直地钉在公告板的右侧，看上去很不平衡。这些异常的排列方式说明了什么？我意识到，巴兹把照片钉在这个位置是想自己在工作的时候也能看到它们。这透漏给我关于巴兹的一个重要信息——他是一个贪食者。但是他贪食的不是食物。他渴望的是与家人的关系。这些照片就是情感调节器，能够帮他渡过难关直至他亲自见到自己最爱的人。

温蒂·加德纳是西北大学的教授，她已经对情感调节器进行了研究，并且得出有力的证据证明这些心理调剂品——钱包里的照片、爱人之间来往的书信——缓解了社会孤独感带来的伤痛。在一项巧妙的研究中，加德纳和她的同事让一组参与者准备一张朋友的照片，让另一组参与者准备一张自己喜爱的名人的照片。参与者将这些照片放在他们前边的桌子上，然后他们让这些参与者生动描述他们遭到他人拒绝的一段经历。正常的话，这是很伤人的。对那些面前摆放着名人的照片的人来说更是如此。但是那些看着朋友照片的人并没有经历情绪的低落。加德纳的研究表明这些情感调节器的缓冲效果对那些与其他人的离别之情最明显、具体。

她又做了相同的实验，只是不再让参与者回忆遭人拒绝的经历而是回忆一次失败的经历。这次，所有的参与者都感觉很难过，不论他们面前摆放的是名人的照片还是朋友的照片。根据加德纳所言，这样的结果可能会解释为什么85%的成年人都会在办公室的桌子上或者钱包里放亲爱的人的照片或者纪念品。他们这样做是一件好事，因为孤独会导致一系列严重的健康问题：从睡眠不佳、心血管疾病，到损伤免疫系统、血压升高。让人产生回忆的事物，例如：照片、婚戒或是亲密的人发过来的电子邮件能够抑制孤独、有益健康和提高生产效率。

在巴兹的办公室里，每一张照片和海报的主角都是人。这表明他是外向的人。内向的人很少摆放人物像，他们通常会选择一些静静的风景画或者静物画。即使他们会摆放人物画，画像的主角通常也是镇定的、平静的。我的一个比较内向的研究生，她用门的图片装饰自己的墙面。我相对来说比较外向，在她的办公室里的时候，我会情不自禁地看那些门，有些期待那扇门里面会走出一个人。（外向的人很容易被其他人吸引，他们比内向的人更可能喜欢有声音乐。）另一个证明巴兹外向性的是他的舒适的椅子和带靠垫的沙发。虽然这并不是刻意而为，但是正如我们在第八章看到的：一个吸引人的办公室的布局设计在于鼓励人们进来，并且在此稍作停留。

巴兹的办公室里的照片和它们的布局显示出他尤其在乎社会关系。人们对于这种“需要归属”的程度不同，但是我们或多或少都是需要归属感的。作为群居动物，我们长久以来都对他人有所依赖，而且总是从无数的警惕的眼神中获取庇护，通过集体狩猎提高效率，在许多方面依靠群体的力量获得收获。因此，在我们过去的进化中，我们需要一种机制来确保个体之间能够保持较近的距离。如果没有集体凝聚力，人类（斑马或者土狼）就会脱离群体，集体瓦解了，成员就失去庇护。

我们的祖先认为人必须在一起，他们没有消亡或者成为独居物种的祖先，把他们维系在一起的机制也并不是有意而为的，只是他们觉得大家在一起时的感觉比自己一个人的感觉要好。如果你观察两只在水里戏水的鸭子，你也会看到类似的事情。一只鸭子游开了，或许是去追逐一只虫子，但是过不了多久另外一只鸭子也会过去跟它靠得近一点。它们在水中戏水，就像是演绎一段慢半拍的舞蹈一样，维持着相互之间的亲密——有时候一只鸭子领先，另一只跟上来，有时候，它们的角色会互换。如果把这描述为“爱”，它就会有拟人的意味。但是从一个非常基础的层面看，我们可以认为鸭子们更喜欢待在一起，不喜欢分开。

和鸭子一样，我们的祖先们也是长期生活在一起的，他们已经体会到群居生活的好处，他们成功地将他们的基因遗传给我们。结果是：作为规则，我们人类喜欢与人交往。即使人类比章鱼或者猩猩（它们是独居物种）更爱社交，但是人类个体之间的差异也是很大的。对我们一些人来说，独处，哪怕是一小会儿，他们都是难以忍受的；但是对另一些人来说，一两个星期不和他人来往也是可以的。

显然，这种对社交的喜爱或者厌恶与外向性有关——在外向性特征方面得分高的人更喜欢社交，更喜欢与他人接触。他们比在这个方面需求低的人有更多的亲密朋友，社交生活也更丰富。他们在宜人性方面的得分也比较高，更喜欢表现自己（我能注意到巴兹和吉布森在这方面的区别，即便我跟他们只有短暂的接触）。而且，至关重要的是，喜爱社交的人比在这方面需求低的人更容易在孤独的时候感到难过。回想一下，在第五章中，根据大卫·温特对乔治·沃克·布什的就职演说进行的分析，乔治·沃克·布什就非常喜欢社交。通常而言，像巴兹这样的人，比不太喜欢社交的人更容易依赖他人。

社交需求促发了另一个更加具体的需求——需要归属。杜克大学的马克·利瑞对此进行了广泛的研究。她发现，那些极度渴求归属感的人很容易建立社会关系，而且即便是自己已经不再需要这种关系或者是他们因此受到过伤害，他们也不愿意放手。当一段关系结束的时候，他们比其他人更加沮丧。他们喜欢和他人打招呼，就仅仅是为了跟他人打招呼，没有其他的目的（我就是打电话过来问候一下）。他们还会花费大量的时间和精力去思考各种关系。渴求归属感的人对社会线索也会很留意。所以基于巴兹和吉布森的办公室里的证据，猜测一下他们两个人跟你握手时，谁会看着你，谁会看着别的地方。如果现在对你来说真容易了，那是因为你已经成为一个有经验的观察者了。巴兹会看着你，而吉布森会看其他地方。

迄今为止，我们观察过的大多数人，例如：查尔斯·吉布森、麦克·巴兹和我研究中的那些房间主人，都带有他们装饰过的房间的印记。他们都是在一个标准的盒子里，做自己能做的事情以及个性驱使他们去做的事情。但是，如果他们从零开始的时候，会发生什么——设置空间的基础参数，而不是去改变上一个房间主人或者设计师留下的设计？如果我们不去改造空间，使之符合房间主人的个性，而是先根据这个人的个性设计一个空间，那又会有怎样的结果呢？这个有趣的假设是下一章的主题。

第 十 一 章

家庭细节里藏着你的气质

厨房中的家电很少会引起拍照的欲望。但是在我的公寓中，拜访者不止一次对我的冰箱中的物品产生兴趣，他们会情不自禁地拿出自己带有拍摄功能的手机。我的冰箱中并没有血淋淋的尸体 ，也没有红酒，实际上吸引他们注意的是冰箱中物品的摆放。当你打开冰箱门的时候，你会发现一层一层摆放着有序的饮品。在最下边一层，从前到后摆放着啤酒、苏打水和其他的饮品。在此层的上面一层是一些混合饮料——小瓶装的奎宁水、苏打水、姜汁汽水、番茄汁、V8 蔬果饮品和橙汁。最上面的一层摆放的是瓶装水、红牛、花式柠檬水和吉尼斯啤酒。这一层并没有被各种饮料全部装满，因为我需要留出至少半层用于摆放人们常摆放的物品。冰箱门上的储物盒里也装满了红酒、香槟、苹果醋、大型瓶装水和一些备用啤酒。

这些饮品并不是用来展示的，我和我的客人们都会享用它们。但是这些架子经常都是满满的，因为冰箱旁边就有一个高的柜子，柜子里装着我储藏的备用品，它们随时待命以备不时之需。有时我给某个人饮品的时候，从表面上看，我不在乎我的冰箱中少了一瓶姜汁汽水，一切都是平静的。但是只要客人起身去洗手间，我便会径直走向储备柜，再拿出来一瓶补上以保持平衡。让这种布置显得尤其奇怪的是，我的这种强迫症停在了冰箱里。我的桌子是那种很典型的混乱，而且浴室储物柜中的物品也是我乱放进去的。所以冰箱的问题一直使我困惑。

即便是在进行研究和写这本书的时候进行的一些观察，都不能帮助解释我奇怪的饮品摆放行为。直至我遇到了克里斯·特拉维斯。我和他开始揭开我冰冷的小宇宙的神秘面纱。通过特拉维斯，我才了解到物理空间能够满足我们特殊需求的方式源自我们过往的经历。

特拉维斯是一名建筑师，也是一名设计师，他同时还管理着一家建筑公司。

当他听说我的观察研究时，他联系了我。因为他意识到他的工作和我的研究之间的联系。我感兴趣的是人们的个性是怎么在他们的居住空间中留下痕迹的。而他感兴趣的是为客户设计符合他们个性的房子。

我很快就发现，特拉维斯不是一个普通的建筑师。在过去的十二年里，他一直在研发一种他称之为“心仪的家”的创新系统，帮助人们确认他们与他们的住所之间的情感和心理关联，并且将这些关联融入房屋的设计之中。从某种意义上说特拉维斯所关注的也是我正在进行研究的——身份标签、自我调节器和行为痕迹——而且他将它们发挥到了极致。我观察人们那些微妙的下意识的自我反应是如何影响他们的居住空间的——张贴海报、播放舒缓的爵士音乐或者是将杂志散落一地。特拉维斯进入的是一个新的层面。他不是等人们搬到一个新的地方之后再根据海报、音乐、杂志来判断他们的个性，而是早在设计他们的房子的时候就开始考虑他们的个性，根据客户的个性给他们量身设计一个家，而不是用其他设计师使用的方式。这种技术需要发掘出人们和他们的房子之间的亲密的心理联系，而这通常是不易发掘的——这种联系甚至可以解释为什么某些人喜欢储藏饮品。事实上， 也是因为一次偶然的机会才让特拉维斯意识到我们对住所的情感深深地植根于过去的记忆。

让你心仪的家

1992 年的冬天，特拉维斯就快遇到那次偶然的机会了。经过几次灾难性的创业之后，他破产了。那个时候，他决定进入他最擅长的行业：旧房翻新。他选定得克萨斯州中部的一个叫作“Round Top”的小城镇作为自己的根据地。他仍然会因为创业失败和远离亲人而感到内心刺痛，这些人都是努力支持他的人们。特拉维斯有沮丧的理由。而就在一天晚上，当他坐在一个他正在翻新的房子的阳台上，坐在摇椅上拨弄着吉他的时候，让他惊讶的是一种温暖、美好并且宁静的感觉向他袭来。

特拉维斯是一个爱思考的人，因此他本能地开始思考这种感觉的来由。他将自己现在的感觉和早前的经历联系起来。没过多久，他就想起了曾祖父的房子。那个房子是他和母亲及妹妹在困难时候寻求保护的地方。他回想起自己坐在曾祖父的腿上，曾祖父坐在摇椅上来回摇晃着，还哼着歌。而现在三十多年过去了，特拉维斯在 Round Top 小镇坐在阳台上的摇椅上来回晃着，他觉得他回到了从前被人疼爱、有人赏识的时光。这种意识——当前的感觉和快乐的童年记忆之间的关系——让特拉维斯顿悟。他清楚地意识到，我们对于住所的情感会影响我们对房子所采取的行动。结果，我们的周围环境和根深蒂固的心理需求之间的契合度会深刻地影响我们长期的幸福感。

特拉维斯开始思考，有什么方法能将人们的心理需求融入家的设计之中呢？十多年来，完成这种心理需求和家的设计之间的匹配一直是“心仪的家”项目的目标，事实上也是特拉维斯的追求。

特拉维斯的方法比传统的问答方式更深入，例如：一名建筑师能通过传统的方式了解到他的客户“喜欢树”。“心仪的家”会找到客户“喜欢树”的原因——因为树能够提供僻静的场所，或者因为她喜欢风吹过树叶的沙沙声，这能够让她想起小时候住过的房子。每一个“喜欢树”的不同理由暗示着不同的建筑设计解决方案。

“心仪的家”比其他的方式关注得更多。它关注到丹·麦克亚当斯提出的人格体系中更多的层面。回想一下，第一个层面的特征，如社交能力和好奇心，这都是最表面的特征。随着我们对他人有更深入的了解，我们会知道一些他们关心的事情（第二层面），我们甚至可以了解他们的个性（第三层面）。他们讲述的那些给生活带来更多希望和故事的个人经历。特拉维斯的体系已经深入到超越了丹·麦克亚当斯的第一层面特征：他正在探究第二个层面，例如角色、目标和价值观，甚至还深入地触及第三个层面，即个性层面。

在一次实验中，特拉维斯鼓励客户列出“生活中特别的陈设”。每个人都有这样的陈设，它们可以是一张破碎的音乐会海报这样简单的物品，也可以是作为嫁妆的传家宝那样有意义的物品。假日里拍摄的照片集、奖品、奖牌、宗教塑像、老旧的工具、同性恋标志和牛仔的行头都属于“特别的室内陈设”。我的卧室里有一张桌子，这张桌子摆放在我出生时的那个房子的门厅里，还有我母亲用工业树脂做的一盏台灯和一双旧的工作鞋。“特别的室内陈设”是一条有象征的线，它连着我们的过去并沟通着现在和将来。所以如果特拉维斯给我设计一所房子，除了探究我对物品的情感之外，他还需要实地测量桌子和台灯的尺寸以完美地将其融入设计。

在我拜访特拉维斯的时候，我看到一些他为客户做的房屋设计方案。我很快就发现，他对居住空间的作用的认识不同于传统的建筑设计师。一张设计图平铺在一张长桌子上，传统的设计师或许会使用一些例如家庭娱乐室、后门廊和主卧这样的标签，而特拉维斯的标签则表示的是房间主人对每个空间的情感需求。贴在厨房位置上的标签上边写着“温暖和情意”；餐厅位置的标签上写着“友谊”；储藏室位置写的是“充足”；主卫上写的是“保持青春”；洗衣区的位置上写的是“高效”；军械室写的是“安全和冒险”；后门廊的位置上贴的标签是“社区”；客厅的位置上贴的标签是“放松和家人”；主卧的位置上贴的标签是“私密、情感和反思”。

当然，特拉维斯的设计是为每一位客户量身打造的。在我看到的另外一个设计图上的标签就跟上一个相当不同：厨房是“中央和功能”；前门廊是“邀请您欣赏美景”；主卧是“宁静的天堂”。显然，特拉维斯并不是简单地把家当成是吃饭、睡觉和工作的地方，他关注的是它怎样才能给人以安全感、社会地位和舒适感。

客户珍妮和森吉的案例就很好地展示了特拉维斯是如何将独特的心理感受转换成设计特点的。当特拉维斯第一次见到这对夫妇的时候，他们俩正因为新家的设计而争吵不休。原因是很明显的，森吉想要一个地下室，而珍妮则毫无理由地反对他这个想法。他们僵持着直至特拉维斯开始探究他们跟地下室的关联。珍妮对于密闭空间，例如衣橱和小房间，表现出消极的反应。很显然，她患有幽闭恐惧症；她每次走进试衣间的时候，都会不自觉地屏住呼吸，奇怪的是她和森吉都没有发现这一点。当这对夫妇对“心仪的家”进行测试的时候，才了解到，珍妮小的时候受到过伤害，她的恐惧就来源于此。

特拉维斯解释说：“她不仅害怕黑暗和封闭空间，而且会因为她的丈夫企图得到那样的空间而认为丈夫不关心自己，不想她的需求。在她的眼中，她的丈夫是在强迫她再次承受之前的伤害。”他们的僵持给他们的婚姻带来了很大的裂痕。一旦珍妮和森吉能够看到他们之间冲突的心理根源，就有可能找到建筑设计方案了。特拉维斯在房子中摆放了浅色调、宽敞的衣橱，使用了大量的窗户。他设计这样的空间是为了让珍妮能够有自己的“特别室内摆设”，这样一来她就会有安全感。为了满足森吉对私人空间的需求（他可以在这个空间里闲玩、修修补补），他设计了一个宽敞的后门廊，这让森吉想起了小时候和妈妈在一起度过的充满爱的时光。

在日复一日的给予和索取的关系中，即使是已经生活在一起很多年的夫妻也可能会忽略对方的喜好和厌恶。在我们自己的观察工作中，解读共同享有的空间是最大的挑战之一。因为很难了解哪些特征是属于哪个人的。起居室里那幅吓人的图画反映的是他的品位还是她的品位？又或者这是一次不高兴的妥协留下的结果，不适用于任何人。因此，当我和我的同事进行观察的时候，我们会观察——例如书房或者地下室——这样属于某一个人的地方。

我自己的私人神秘盒子

这本书是以一个神秘盒子开始的。这开启了我的研究：寻找人与他们的生活环境之间的关系。然而，只有当我遇到克里斯·特拉维斯的时候，我才开始打开我自己的神秘盒子——我的冰箱。就在我回想起特拉维斯和他的客户对于他们的父母和祖父母的房子的回忆的时候，我的脑海中也开始回想在祖母房子中的经历。我想起夏天我和我的兄弟在花园中玩耍。只要我们一口渴我们便会冲进起居室，走到冷饮柜，抓出一瓶奎宁水或者苦柠檬水。让我们感觉很爽的是我们根本不用抑制口渴的感觉——奎宁水好像永远都喝不完。对于现代的读者来说，这算不上什么奢侈浪费，但是我的父母是在“第二次世界大战”那种残酷的时期里在英国长大的，过度消费（甚至是解渴）是不被鼓励的。我们的家境不穷，但是当我们的番茄酱吃完的时候，我的爸爸会在里面加一些牛奶。这样我们就能吃完最后一滴番茄味黄油，我爸爸的这个做法已经出了名了（至少在我们家里是这样的）。我和我的兄弟可以夺取祖母的各种收藏饮品，这种行为对我们来说就是美味的自我放纵之巅峰。

现在作为一个成年人，虽然还没有真正地意识到自己对小时候的回忆，但是我却创造了属于我自己收藏饮品的源泉。如果请一个传统的建筑设计师来帮助我设计房子的话，我怀疑我是否会提及自己对于充裕的这种根深蒂固的需求。

但是我能够确定的是，特拉维斯那种专业探究一定能够发现我的这种需求。而且我相信特拉维斯会给出一个很出色的解决方案——或许是我自己的玻璃门饮品冰箱和一个与之匹配的储物柜。这样一来，我就能看着一排排的饮料，因知道自己备有足够的奎宁水，足以应对中等疟疾的爆发而感到放松。

特拉维斯的工作为观察者提供了另外一个有趣的维度。当然，并不是所有人都有量身定制的房子或者有机会在修建房子的过程中了解没有意识到的情感。但是许多这样的不明显的关系将会在你创造的空间中表现出来。即使你并不确定是什么驱使着你的喜好。一次，特拉维斯的一位客户深情地回忆着当年自己坐在一张成人椅子上、双脚还触不到地面的时光，特拉维斯就回应，要为她的厨房柜台设计一个高脚凳子，这样她就能像小时候那样坐在椅子上摇晃双腿。没有特拉维斯的话，这个客户可能永远不会发现她的喜好的根源。而且，柜台在整个设计中可能不会占据多么显著的位置。但是她对高脚凳子或者超大号椅子的偏爱或多或少已经在她的居住空间中体现了出来。了解特拉维斯运用的这些原理将引导你——就像在我的冰箱方面引导我一样——询问关于空间的心理学作用的正确问题。

观察梦

到此，我们已经完整地画了一个圆，从发现如何在我们居住的空间中留下痕迹，到如何建造空间以凸显我们的个性潜能，以及了解这个过程对我们的观察会有怎样的帮助。

正如我在书中所展示的，当涉及我们个性中最本质的部分时——从友情和灵活性到秩序和创造性——观察可以帮助我们去揭示通过其他方式都很难发现的真相。这种观察是很重要的，因为我们的生活的很大一部分都涉及到逐渐了解他人是什么样的人。这也就解释了为何我们有理解他人的基本需求——估量一下他们是否适合做未来的伴侣，判断他们是否适合做一份特殊的工作，甚至推断何种衣橱最适合他们。

从我的研究以及大量的心理学研究中，从特拉维斯的独特家居设计方式上，有一点非常明确——我们的个性跟我们的周围空间是密不可分的。每一次我们将海报张贴在墙上或者把咖啡杯丢进垃圾桶或者从 iTunes 下载另外一个音乐集的时候，我们就会留下关于自己个性的线索。我们向人们展示自己的特征和价值观、我们的目标和身份，让人们来看或者是判断我们。虽然我们可能会布置自己的物品，以掩人耳目，但是我们的真实个性不可避免地将我们泄露出来，尤其是在敏锐侦探的审查之下。

这本书的核心目标就是想给你介绍一种方法，使你从普通的观察者变成一个机智的观察者。如果做到了这一点，你将了解到一些一个世纪以来都被心理研究所忽视的东西：观察赋予了我们独特的洞察力，让我们更加敏锐地了解他人。

还有一个好处：你对于人们与其生活环境的充分了解将有意无意地帮助你调查科学仍未涉及的那些会泄露信息的各个领域。这些科学还未涉及的主题：从钱包、手包和手提箱里的物品或者脸书上的贴图，到对宠物、文身、鸡尾酒和度假地的喜好。所以下一次你开始观察一个朋友的医药柜或者悄悄地察看他贴在冰箱门上的物品的时候，我希望你会意识到，你已经做好准备站在理解人类行为这个新领域的前沿。一阵小小的欢喜之后，我相信你将开始着手严肃地对待观察。

致　谢

本书中的观点和信息取自多个来源，包括我自己的研究、我对其他学术作品的仔细研读、我和我的研究团队以及我与研究中的参与者进行的讨论。为了给人们以及其生活空间的联系提供最丰富充实的视角，我借写这本书的契机，总结了我们的研究结果，涵盖从我们自己、同事和合作者的切身经历中得来的故事和例子。当我描述我已经观察过的房间和办公室的时候，我使用了一些化名，改变了一些细节，来保护当事人的隐私，在几个案例中结合了几个例子只为提高说明效率和叙事的流畅感。

下面我感谢对这本书以这样或那样的方式做出贡献的许多人。为了简洁，我将我的感激之情分成了几段，包括对学生们、朋友们、老师们、编辑们等等。事实上，当然大多数应该感谢的人都属于多个领域，但是我认为如果不综合一下的话，人生就会很复杂。

在和我一起工作的许多人中，我最感激的是我之前的和现在的学生，尤其是“动力三人组”杰森·伦特佛罗、西麦尔·瓦尔和马西斯·莫哈尔。能够和这些出色的年轻科学家一起工作我感到莫大的荣幸。我们一起进行的讨论和工作构成这本书中涵盖的大部分内容的基础。

在这之前，我的早期科研发展深受我在研究生院的两位主要导师的影响：奥利弗·约翰和肯尼斯·克莱克。

他们给我创造了丰富的知识环境，在这种环境中我能够严格地、系统地探索古怪观点。他们提供给我一个范围并给予我支持，允许我酝酿自己的项目，正是这些项目在后来帮助我确定了自己的主要研究方向。我很高兴能够将这本书献给他们。

伯克利的其他几个老师和研究生在塑造我的思维方面也很重要，包括：杰瑞·门德尔森、雷文娜·哈尔森、菲尔·泰特洛克、汤姆·泰勒、史蒂夫·格里克曼、雷克·罗宾森、马克·斯皮兰卡、杰夫瑞·杰克逊、珍·贝克、珍·鲍斯、布伦特·罗伯茨、维吉尼亚·科万、艾伦·威尔、卡梅伦·安德森、维罗妮卡·贝乃特马蒂内兹、森吉·斯瑞沃斯特瓦、埃里克·诺勒斯以及珍妮·贝尔。在得克萨斯大学，我受益于我很棒的同事们：比尔·斯旺、鲍勃·乔瑟夫斯、大卫·巴斯和詹姆斯·潘尼贝克。

许多人还通过跟我讲明观点告诉我他们的研究对此书做出贡献。其中最重要的是：丹尼尔·艾麦思、约翰·周思特、戴尔·保尔哈斯。我还感谢埃里克·阿拉哈玛森、吴凯文、斯蒂芬妮·普莱斯顿、格雷·马克思、麦克·诺顿、克里斯汀·张－施耐德、普兰·马哈特、托尼·麦克斯维尔、马尔科目·格莱德维尔和查尔斯·希伯特以及与德纳·卡尼、杰夫·波特、瑟·金·科和玛格丽特·莫瑞斯之间的大量合作。

我向克里斯·特拉维斯致以深深的谢意。他很慷慨地交给我“心仪的家”这一系统，以巨大的耐心和周全的考虑回答我无休止的提问。我也感谢他的客户，他们花费了很多时间向我展示克里斯给他们设计的房子，并且和我分享他们的经历。

我感谢有奉献精神的本科生，他们是本书中所述研究的助手，尤其要感谢开拓性的团队，他们参与了我的第一个办公室和卧室研究：劳伦·奥特曼、派特利卡·贝克、艾莉森·邦博格、珍妮·布莱斯福德、凯伦·布鲁克斯、爱丽丝·闯、埃里克·多乐、格林·艾克迈、曼吉特·吉尔、多雷萨·侯琳达·黄、琳·强生、贝斯·琼斯、科哈·科迈尔、亚当·克林格、劳伦斯·李、莫妮卡·李、皮特·李文、凯文·莫瑞、孙诺、苏珊·奥吉拉、米歇尔·普利尔、雷切尔·罗伯斯、珍妮·旺、艾利克斯·王、艾丽莎·王、美玲·吴、茉莉莎·易。

在过去的三年，我的朋友们在助我保持清醒头脑方面发挥了很重要的作用。这些忍受我的可能行为冲力的人们有：布莱德·爱、辛迪·麦思顿、斯蒂芬·科尔斯、马克·希尔曼、阿曼达·莫晨特、克里斯蒂娜·杰拉斯、克里斯·马卡佐、汤姆·巴洛、艾丽斯·巴乐德、赛迪·罗素、丽莎·西蒙斯、周·卡特恩、艾麦波·外斯特、沙拉·威格、劳拉·克莱斯尔、玛西亚·米特谢尔、穆蓓特·奥珍和威廉·莱姆。

没有什么比写书更能增进食欲的了。没有什么能够比娄·米勒的招待和麦克·莫里斯以及舒拉·迈尔梅德的纽约全程好客服务更能驱赶饥饿。这也是一项令人口渴的工作，而且我想感谢奥斯汀的咖啡馆的服务生们提供的空间，我这本书的很大一部分是在这里完成的。

我感谢行为科学高级研究中心，我休假期间在这里构思了这本书的基本观点。我也从来自 Proflie Books 出版社的丹尼尔·克洛维的超级洞察力中获益，也从在 J&NA 以及基础书籍出版社（Basic Books）的凯伊·马瑞的资深文稿编辑中获益，也受益于劳伦·多林科赛提供的敏锐视角，并受到启发。

最后，对此书做出最大贡献两位是我 J&NA 的代理人蒂娜·本内特（Tina Bennett）和我的基础书籍出版社的编辑周·安·米勒（Jo Ann Miller），是他们将无望的清单转化成一本书。当人们听说我的书将由蒂娜出品的时候，最常见的反应就是我找到了行业内最好的代理。他们说对了，蒂娜是正直、有眼光和聪慧的典范。每一次与她交谈都让我受益。我感到很惭愧——我能够如此幸运找到蒂娜出品我的书，而其他作家只能找到仅仅有道德的代理。我尤其欣赏在我们开始这个项目时，她给我的支持、建议和倡议。而且整个过程中她的表现都很令我吃惊。

很简单，没有周·安·米勒，我就不会写这本书。我从她身上学到了很多。现在我很高兴地回过头来看我们并肩写作的过程，包括改写和删减，以及我们的轮班时刻表（这使我们的书稿能够一天二十四小时都不停歇地向前推进）。周·安贡献了如此之多，在我看来，她是合著者。你能够清晰地看懂这本书，而不是被我的“清嗓子”和“反复唠叨”所阻碍，她功不可没。写完本书唯一让我悲伤的事情就是我和她的合作结束了（至少是现在结束了）。